lonely planet

AF276724

**DE CERCA**

# CABO VERDE

Marc Di Duca

# Sumario

Arriba: valle de Paúl (p. 109).
Abajo: playa de Santa Maria (p. 40).

# Explora
# Cabo Verde ....... 33

# Guía práctica ....... 135

ARRIBA: LUKAS BISCHOFF PHOTOGRAPHY/SHUTTERSTOCK ©; ABAJO: SOPOTNICKI/SHUTTERSTOCK ©

## ★ Imprescindible

# El viaje empieza aquí

A unos 500 km de la costa de África occidental está Cabo Verde, un archipiélago diverso de islas volcánicas y el extremo más meridional de Macaronesia. Estas 10 islas forman un país –independiente desde 1975– donde el sol está garantizado todo el año y las playas son tan maravillosas como las del Caribe. El eslogan de los vendedores de recuerdos es "relax", pero los lugareños prefieren definir su bienvenida como *morabeza,* la palabra criolla para "hospitalidad". Cada una de las islas ofrece su propia versión de *morabeza,* tanto si se viaja con un "todo incluido" o a la aventura.

## Marc Di Duca
*@marcdiduca*
Marc es autor de guías de viaje desde hace más de dos décadas y ha cubierto destinos tan diversos como el Caribe y Siberia para Lonely Planet y otras grandes editoriales de viajes.

Cidade Velha (p. 78).
PETER ADAMS/GETTY IMAGES ©

## LO MEJOR

# Experiencias naturales

Estas 10 islas poco pobladas (excepto Santiago) ofrecen encuentros espectaculares con la naturaleza; desde ver tiburones de cerca y contar huevos de tortuga a recoger papayas y plátanos de los árboles.

Ver **tortugas** en Boa Vista (foto) de noche o hacer un voluntariado en verano recogiendo huevos y recolectando datos. (p. 58)

Los tiburones limón nadan entre los pies en las aguas templadas y poco profundas de **Baía da Parda,** en Sal. (p. 44)

Senderismo por el **valle de Paúl,** frondoso y rodeado de formaciones rocosas casi verticales en Santo Antão. (p. 109)

Las mejores vistas de todo el archipiélago se obtienen ascendiendo al **Pico do Fogo** (foto), la cima más alta de Cabo Verde y un volcán activo. (p. 96)

En el **Deserto de Viana,** en Boa Vista, se puede hacer *snowboard* en las dunas (p. 64) y ver las estrellas. (p. 70)

Observación de aves y senderismo en el **Parque Natural Serra da Malagueta** de la isla de Santiago. (p. 88)

**Derecha: Deserto de Viana (p. 64).**

LO MEJOR

# Sabores locales

Mezcla de la gastronomía portuguesa y africana occidental, la cocina tradicional de Cabo Verde es sencilla, barata y sustanciosa. El archipiélago cuenta con excelentes restaurantes, el mejor café de todo el Atlántico y vino local.

La cachupa es el plato nacional y la especialidad de **Kaza Katxupa,** en Praia, que ofrece varias versiones de este sencillo plato. (p. 90)

**Farolim,** en Santa Maria, es un restaurante acogedor con comida deliciosa y una terraza preciosa con vistas a la playa. (p. 50)

Hay que probar el **vino** y el **café** de la isla de Fogo; su café es uno de los mejores del mundo. (p. 101)

Para disfrutar de una de las comidas más memorables del archipiélago hay que cenar en **Batuku Espaço** (foto), en Rua da Banana, la calle más antigua de Cabo Verde. (p. 90)

Una opción saludable es **Bowlavista,** en la costa de Sal Rei, por ahora el único restaurante que utiliza ingredientes de su propia huerta y uno de los mejores del país. (p. 67)

Derecha: cachupa, tortilla y expreso de Fogo.

DE IZDA. A DCHA.: GOLDEN_BROWN/GETTY IMAGES ©, GEROLD GROTELUESCHEN/GETTY IMAGES ©, MARC DI DUCA/LONELY PLANET ©

LO MEJOR

# Vida playera

Lo que más atrae a los turistas a Cabo Verde son sus playas de fina arena dorada o negra, y no decepcionan.

La famosa **playa de Santa Maria** es perfecta para tumbarse al sol y disfrutar del azul intenso de sus aguas. (p. 40)

En el sur de Boa Vista, la **playa de Santa Mónica** es una franja silvestre de arena dorada con poca gente. (p. 65)

La preciosa **playa de Tarrafal,** antaño resort de los mandamases portugueses, merece una visita. (p. 86)

Para disfrutar de una playa idílica y remota donde solo hay buscadores de tesoros y adeptos al *kitesurf,* hay que hacer un viaje en todoterreno a la **playa de Ervatão,** en Boa Vista. (p. 69)

La arena de la **playa de Estoril** de Sal Rei es una maravilla; el agua es poco profunda y hay varios chiringuitos. (p. 63)

Playa de Santa Maria (p. 40)

## LO MEJOR

# Encuentros con la historia

Pese a ser descubierta hace solo 600 años, Cabo Verde acumula mucha historia: desde el comercio de esclavos hasta los naufragios, estas islas tienen mucho que contar.

En el **campo de concentración de Chão Bom** (foto), en Santiago, fueron encarcelados los adversarios de la dictadura portuguesa de Salazar. (p. 86)

En la **Cidade Velha de Santiago** (foto) están las ruinas del primer asentamiento portugués y el único sitio de Cabo Verde declarado Patrimonio de la Humanidad por la Unesco. (p. 78)

En la **Casa de la Memoria del Centro Cultural de Sodade,** en Sal Rei, se explora el pasado colonial del archipiélago. (p. 65)

El centro histórico de Praia, **Platô,** está en lo alto de la ciudad y alberga el palacio del presidente y otras importantes instituciones del Estado. (p. 82)

El **Museo de los Naufragios** de Sal Rei cuenta la historia del país a través de arte, escultura y algunos artefactos. (p. 64)

## LO MEJOR

# Aventuras acuáticas

Un dato algo exagerado sobre Cabo Verde que circula por ahí es que el 99% del país es agua. No sorprende por lo tanto que los locales hayan encontrado miles de maneras de disfrutar del Atlántico.

La **playa de Costa da Fragata,** en Sal, es uno de los mejores lugares del mundo para practicar el *kitesurf*. (p. 44)

Desde las piscinas de roca volcánica y agua templada de **Buracona,** en el norte de Sal, se puede ver el "ojo azul" de Sal. (p. 45)

Un lugar maravilloso para bañarse es **Pedra de Lume,** en Sal, una antigua mina de sal hoy atracción turística. (p. 38)

Para recibir una clase de *windsurf* o alquilar una tabla, hay que ir a **Angulo** (foto), en Santa Maria, la mejor escuela de *windsurf* del país, cuyo dueño es un doble campeón mundial de *windsurf*. (p. 48)

De buceo en Boa Vista se verán numerosos **naufragios.** Muchos de estos barcos fueron atraídos a la costa rocosa para su saqueo. (p. 64; foto)

Derecha: 'kitesurf', Costa da Fragata (p. 44).

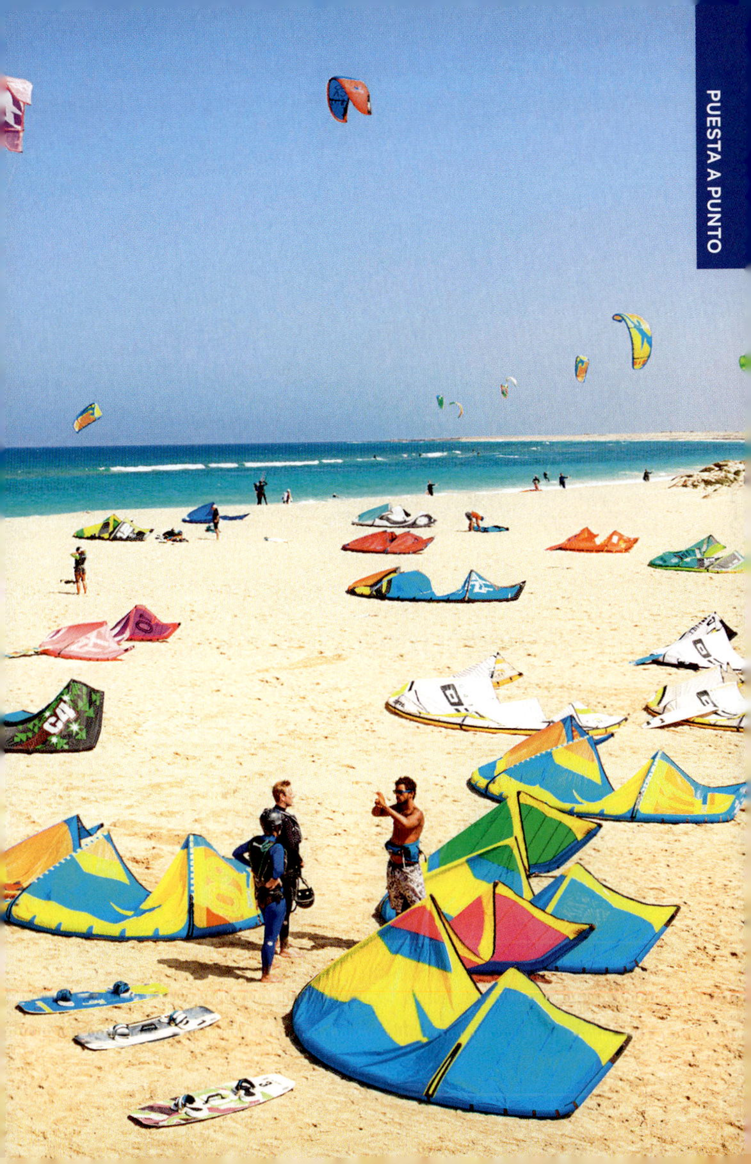

Valle de Paúl (p. 109).

## LO MEJOR

# Aventuras al aire libre

En Cabo Verde se puede escapar del turismo de masas y explorar la naturaleza en estado salvaje, desde el estruendoso mar Atlántico hasta las áridas cumbres de Santiago.

El **valle de Paúl,** en Santo Antão, ofrece un paisaje frondoso con terrazas de papayas, caña de azúcar y plátanos. (p. 109)

Para un circuito con **No Limits** por el paisaje marciano de Sal en todoterreno, hay que abrocharse el cinturón. (p. 48)

Los **senderos señalizados de Santiago** forman una red que da acceso a los increíbles paisajes de la mayor isla de Cabo Verde. (p. 88)

Se pueden **ver las estrellas en el Deserto de Viana** en una excursión nocturna; una experiencia inolvidable. (p. 70)

**Pico do Fogo** es la cumbre más alta de Cabo Verde y un volcán activo; se puede escalar y luego bajar en *snowboard* o esquís sobre la ceniza volcánica, como hacen los guías locales. (p. 96)

# Experiencias culturales

Mindelo es la segunda ciudad de Cabo Verde y su capital cultural. Si São Vicente no está en el itinerario, se puede disfrutar de eventos y experiencias culturales en otras islas; desde arte callejero hasta festivales musicales.

Los ritmos afrobrasileños marcan el latido del **carnaval de Mindelo** (foto), la mayor fiesta del archipiélago y uno de los mejores carnavales de todo el Atlántico. (p. 127)

El mejor museo del país y uno de los depósitos de artesanía local es el **Centro Nacional de Arte, Artesanato e Design** de Mindelo. (p. 126)

Para rendir tributo a la caboverdiana más famosa, se pueden seguir sus pasos en Mindelo, en la ruta **Cesária Évora.** (p. 122)

El **Palácio da Cultura Ildo Lobo** de Platô, en Praia, ofrece galerías, talleres de artesanos y exposiciones con espectaculares vistas de la ciudad. (p. 84)

Merece la pena ver los maravillosos y enormes **murales** del país (foto), en Mindelo. Los que hay cerca del mercado en Santa Maria (p. 47) son un telón de fondo perfecto para las fotos de las vacaciones.

LO MEJOR

# Compras

Entre un mar de *souvenirs* de poca calidad, es posible encontrar artículos auténticos de Cabo Verde, como café, *grogue* (licor de caña de azúcar), arte hecho con roca volcánica, joyas de conchas o artesanía tradicional.

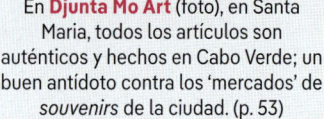

En **Djunta Mo Art** (foto), en Santa Maria, todos los artículos son auténticos y hechos en Cabo Verde; un buen antídoto contra los 'mercados' de *souvenirs* de la ciudad. (p. 53)

Para llenar el carro de la compra, hay que ir al **mercado municipal** (foto) de Platô, el bazar más animado del país, una increíble fiesta de colores, olores y sabores. (p. 87)

Se puede llevar una concha de la playa a **Art do Mar,** un pequeño taller de Sal Rei, para que un artista local la convierta en una joya. (p. 73)

Merece la pena comprar recuerdos **volcánicos** en Fogo: casas, figuritas y animales de roca expulsada por el Pico do Fogo. (p. 105)

El mejor arte y diseño de Cabo Verde está en **Capvertdesign + artesanato,** en Mindelo. (p. 133)

# Lo mejor para niños

Una experiencia que los pequeños no olvidarán nunca es tocar los vientres de los **tiburones limón bebé en Sal.** (p. 44)

La arena dorada de la playa de **Santa Maria** de Sal es perfecta para hacer castillos de arena; es además uno de los mejores destinos turísticos de Cabo Verde y la base perfecta para unas vacaciones en familia. (p. 40)

La *pizza* de **Bella Napoli,** en Mindelo, es la mejor del archipiélago. (p. 131)

El helado artesanal de **Giramondo** (una pequeña cadena de heladerías), en Santa Maria, es perfecto para refrescarse. (p. 52)

Qué mejor que darse un baño en el agua templada de la **playa de Tarrafal** de Santiago y después tomarse un zumo en uno de los chiringuitos de la playa. (p. 86)

Los niños pueden explorar la magia de la naturaleza en un **circuito de observación de tortugas en Boa Vista.** (p. 58)

# Lo mejor gratis

No hay que pagar para entrar a las **cuevas marinas de Varandinha,** en Boa Vista. (p. 66)

En el **muelle** de Santa Maria se puede pasar el rato observando a los pescadores locales, los turistas curiosos y los vendedores ambulantes. (p. 40)

La **Cidade Velha** de Santiago, en la lista de la Unesco, y sus ruinas arqueológicas se pueden explorar gratis. (p. 78)

Los mercados de Cabo Verde, como el **Sucupira** (p. 91) y el **mercado municipal** (p. 87) de Praia, son una maravilla.

En el **cementerio de conchas** de Sal (p. 43) se puede buscar un recuerdo del viaje gratis.

# Cuatro días perfectos

Este itinerario de cuatro días, repleto de actividades, es ideal para aprovechar al máximo las cuatro islas más interesantes del archipiélago.

**Playa de Costa da Fragata (p. 44).**

## PRIMER DÍA

## Sal

### MAÑANA

Lo mejor es empezar el día desayunando en Santa Maria en una cafetería-pastelería como **Pão Quente** (p. 52) o en un chiringuito de playa como **Angulo** (p. 51). Luego se toma camino al norte, con paradas en la **Costa da Fragata** (p. 44) y la **tirolina** (p. 48), para lo que se recomienda comprar tiques con antelación. Desde allí se puede ir por la costa (en todoterreno) hasta **Baía da Parda** (p. 44), donde los guías ofrecen la posibilidad de ver tiburones limón bebé de cerca, una experiencia inolvidable.

### TARDE

Una buena opción para almorzar es **Dez Pedrinhas** (p. 50), en **Espargos** (p. 49), la capital de Sal, para después seguir hacia el este hasta **Pedra de Lume** (p. 38) y bañarse en las salinas. Desde allí se vuelve a Santa Maria en 30 min en coche, para disfrutar del atardecer en la **playa** (p. 40).

### NOCHE

Para terminar el día, qué mejor que una cena frente al mar; **Farolim** (p. 50) y **Palm Beach** (p. 50) son buenas opciones, aunque allí la oferta es la más amplia de Cabo Verde.

Playa de Varandinha (p. 66).

## SEGUNDO DÍA

# Boa Vista

### MAÑANA

Para el itinerario ideal por Boa Vista, hace falta un todoterreno con conductor que conozca bien el lugar, ya que hay que salirse de la carretera.

Después de desayunar en alguna cafetería de Sal Rei (p. 72) como **ETC Cafe-Shop** o **Cremositos** y salir de la ciudad, la primera parada en ruta es el **Deserto de Viana** (p. 64), un espectáculo sin igual. Desde allí, hay que aguantar los baches hasta las cuevas de **Varandinha** (p. 66) y la cercana playa de **Santa Mónica** (p. 65), donde disfrutar de un baño. Otra playa maravillosa, **Ervatão** (p. 69), queda a cierta distancia.

### TARDE

Se puede almorzar en **Cá Tina** (p. 71), en el pueblo de Fundo das Figueiras. Desde allí, la **ruta 66** (p. 67) de Boa Vista conduce a Rabil, desde donde se puede volver a la capital en poco tiempo.

### NOCHE

Hay dos lugares maravillosos para terminar el día con una cena frente al mar: **Bowlavista** (p. 67), con comida saludable, y **Sodade** (p. 71), modesto pero magnífico.

# Santiago

### MAÑANA

El circuito por la isla más grande de Cabo Verde ha de comenzar en Praia. Tras un desayuno en **Pão Quente** (p. 90) o **Café Sofia** (p. 90), en Platô, se puede conducir en dirección oeste hasta Ribeira Grande para visitar **Cidade Velha** (p. 78) y explorar este sitio catalogado por la Unesco. Para almorzar es buena opción **Old City** (p. 90), cerca de la playa.

### TARDE

Es el momento de dirigirse al norte a través de las montañas, con una posible parada para descansar en **Assomada** (p. 89); con suerte, todavía estará abierto su famoso mercado. Por la tarde se puede visitar el campo de concentración de **Chão Bom** (p. 86), un lugar perturbador pero interesante. Cerca está **Tarrafal** (p. 86) –el principal destino playero de Santiago– donde descansar en la arena.

### NOCHE

Después de conducir de vuelta a través de la poblada costa este, se puede terminar el día escuchando música mientras se cena en **Quintal da Música** (p. 90), o con comida italiana en **Osteria N3** (p. 91), en la playa de **Quebra Canela** (p. 85).

Tarrafal (p. 86).

# Santo Antão

### MAÑANA

Se comienza en **Porto Novo** (p. 114), donde atracan todas las mañanas los ferris desde Mindelo. Desde allí, la ciudad costera de Pombas –en un extremo del **valle de Paúl** (p. 109)– está a 25 min en coche. Se puede hacer senderismo por el valle o recorrerlo en coche, parando por el camino.

### TARDE

Cerca de lo alto del valle hay un fantástico lugar para almorzar y pasar el rato disfrutando de las vistas: **O Curral** (p. 117). Desde allí, se vuelve hacia la costa y se gira a la izquierda hasta **Ribeira Grande** (p. 114), la interesante capital de la isla, con calles de aspecto europeo llenas de edificios coloniales. El mejor alojamiento de la isla está a poca distancia de allí, en **Ponta do Sol** (p. 114).

### NOCHE

Si no ha habido retrasos en el itinerario, todavía queda tiempo para conducir hasta el otro extremo de la isla para ver el cráter de **Cova** (p. 111), un volcán extinto cuyos fértiles cultivos se deben a la tierra volcánica. El último ferri a Mindelo es a las 17.00. ¡Hay que llegar a tiempo!

Ribeira Grande (p. 114).

# Prepararse

## ANTES DE PARTIR

**Dos o tres meses antes** Lo único que hay que reservar con antelación antes de viajar a Cabo Verde es el alojamiento, sobre todo los resorts con todo incluido de Sal y Boa Vista.

**Un mes antes** Si se va a volar entre islas, este es el momento de reservar los vuelos antes de que se llenen, sobre todo entre Santiago y São Vicente.

**Una semana antes** Los horarios de los ferris suelen cambiar a última hora, de manera que es mejor reservar los viajes en barco una vez se está en el país.

## Costumbres

- Es ilegal fotografiar a niños si no se cuenta con el consentimiento de sus padres.
- Al entrar en cualquier lugar hay que saludar con un *"bom dia"*.
- Cuando se acerquen vendedores ambulantes, mendigos o estafadores, hay que contestar con un "no" o *"não"* respetuoso y firme, y una sonrisa.
- Merece la pena aprender unas cuantas palabras básicas en portugués o francés, sobre todo en Santiago y Santo Antão.

## Regatear

En mercados, con vendedores callejeros y la mayoría de los vendedores informales se regatea. Se puede llegar a pedir 1000 CVE por una camiseta de segunda mano de EE UU para luego aceptar 200 CVE. En Santa Maria hay mujeres que venden fruta y verdura en carretilla por las zonas residenciales; el primer precio que dan es absurdo y se asume que se va a regatear.

## Información útil

**Reservas a última hora** Se puede reservar circuitos, guías, transporte y similares una vez se ha llegado a Cabo Verde. Hay mucha oferta y es fácil organizarlo a última hora.

**Siesta** Aunque no todos, muchos negocios (incluidos los museos) cierran de 13.00 a 15.00.

**Domingos** Muchas tiendas cierran los domingos, pero las de alimentación suelen estar abiertas o con un horario reducido. Los días festivos abren muchos negocios.

**De isla en isla** Es común querer viajar de isla en isla, pero se organizan itinerarios poco realistas y muy complicados. Hay que informarse bien antes de embarcarse en este tipo de viajes; p. ej. entre Sal y la cercana Boa Vista es muy complicado viajar, pero entre Santiago y São Vicente hay entre dos y tres vuelos diarios.

## PROPINAS

En Cabo Verde no hay reglas escritas sobre las propinas. Se suele dejar propina en restaurantes y cafeterías, y al taxista se le pueden dar 100 CVE por cargar con las maletas. Pero no es obligatorio.

 **10% o redondeo**

**Restaurantes**
hasta los sig.
10 000 CVE

 **Redondeo**

**Bares y cafeterías**
hasta los sig.
5000 CVE

 **100-200 CVE**

**Taxis**
por un buen servicio

 **1000 CVE extra**

**Guías**
por todo el día

### PRESUPUESTO DIARIO

**Económico** Menos de 5000 CVE

- Hostal barato: **2000-3500 CVE**
- Almuerzo de cachupa: **300 CVE**
- Billete de autobús en Praia: **100 CVE**

**Medio** 5000-15 000 CVE

- Habitación doble con desayuno en un hotel del centro: **5000-7000 CVE**
- Almuerzo de dos platos y bebidas en un buen restaurante: **1200-2000 CVE**
- Guía o conductor de taxi privado (por h): **1000 CVE**

**Alto** Más de 15 000 CVE

- Resort con todo incluido en Sal o Boa Vista: desde **10 000 CVE**
- Cena en un restaurante de lujo con vino: desde **25 000 CVE**
- Circuito guiado por la isla con todas las comidas: **15 000-20 000 CVE**

**Moneda**
Escudo
caboverdiano (CVE)

**Idiomas**
Portugués, criollo
caboverdiano

**Hora local**
GMT/UTC -1 h

## DINERO

Hay que llevar euros o la tarjeta de débito para sacar dinero en los cajeros de Cabo Verde. En Sal y Boa Vista no hace falta cambiar euros, ya que se aceptan en todos los negocios.

# Cuándo ir

**Destino de invierno para los europeos, escapada veraniega para cualquiera, siempre es buen momento para viajar a Cabo Verde.**

La mejor época para disfrutar del sol y el calor si se procede de Europa es de noviembre a febrero; llueve muy poco, aunque la *bruma seca* (p. 65) puede complicar el viaje. Como Cabo Verde está tan cerca del ecuador, los veranos son muy calurosos, pero la brisa en la mayoría de las islas –sobre todo en Sal y Boa Vista– lo hace más llevadero. La época de "lluvias" es de junio a octubre, pero como en algunas islas solo llueve un par de días al año, es muy difícil que la lluvia arruine el viaje.

## Grandes eventos

El carnaval de **Mindelo** (p. 127) se celebra el martes de carnaval y es la mayor fiesta de Cabo Verde. No tiene nada que envidiar a carnavales más famosos como el de Río o Funchal.

El evento musical más importante del archipiélago es el **Festival de Baía das Gatas** (p. 129), en São Vicente: tres días de música y fiesta en la playa.

En Santiago se celebra el **Festival de Música de Gamboa** (p. 87) en una playa de Praia, y acude tanta gente que parece que está allí media ciudad.

El **Festival de Música de Santa Maria** se celebra todos los años en septiembre con actuaciones y DJ en la playa y, como en todos las celebraciones del país, con mucha comida.

## Pequeño y local

Aunque la **Fiesta de Todos los Santos** (p. 81) de enero en Cidade Velha empezó como una fiesta religiosa, hoy son tres días con música y mucha comida.

## Clima

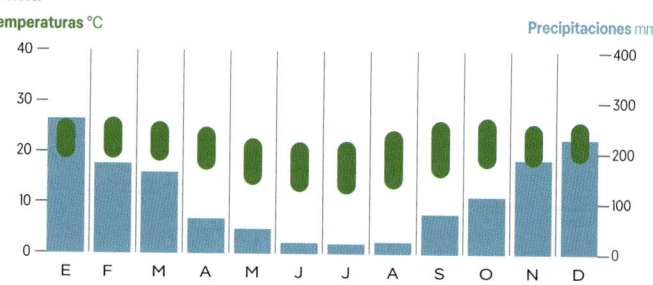

Temperaturas °C

Precipitaciones mm

Carnaval de Mindelo (p. 127).

Puede que no se pueda comparar al de Mindelo, pero el **carnaval de Sal** es una fiesta llena de color a la que acuden (y en la que también actúan) los extranjeros residentes en la isla.

El **Festival de Santa Isabel** es la mayor celebración de Boa Vista. En julio, la plaza principal y las calles de Sal Rei cobran vida con procesiones, comida, música y fiesta.

En septiembre se celebra en Mindelo el **Morna Jazz Festival,** que ofrece un escaparate del estilo de música que popularizó para el público internacional la cantante local Cesária Évora.

───── **PRECIO DEL ALOJAMIENTO** ─────

En los resorts con todo incluido los precios suelen oscilar bastante durante el año, las tarifas más altas se dan en invierno y durante las vacaciones estivales de Europa. El coste de los alquileres vacacionales en lugares como Sal y Boa Vista son más altos en invierno. En lugares menos turísticos los precios son más estables.

# Cómo llegar

A no ser que se llegue al país en un crucero a las islas São Vicente o Santiago, sin duda se hará en un vuelo desde Europa.

## Del aeropuerto de Sal (SID) a Santa Maria

### Servicio de transporte del hotel

Si uno se aloja en un resort con todo incluido en Sal, el transporte al hotel está incluido (TUI, Exim). Algunos hoteles ofrecen también este servicio o la posibilidad de reservar el transporte con antelación.

### En taxi

Los taxis se encuentran en la puerta de la zona de llegadas del aeropuerto. El trayecto a Santa Maria –el punto más lejano del aeropuerto– cuesta 1500 CVE de día y 2000 CVE por la noche y dura 20 min aprox. por la única carretera de la isla (de doble sentido y llena de baches). El estado de los vehículos varía mucho, así que conviene elegir uno que esté en buen estado.

### En coche de alquiler

Poca gente alquila un coche en Sal, pero si se planea hacerlo, lo mejor es reservarlo en línea y recoger las llaves en el aeropuerto.

### 'Aluguer'

Si el presupuesto es reducido o se desea viajar como los lugareños se puede tomar un *aluguer* (entre autobús y taxi compartido) cerca del aeropuerto. Hacen el trayecto Santa Maria (sur)-Espargos (norte).

### A pie

Para quien se aloje en Espargos, el centro de la ciudad está solo a 3 km a pie.

## Otros puntos de entrada

### Aeropuerto de Boa Vista

A 8 km de la capital de Boa Vista, Sal Rei, está el **aeropuerto Aristides Pereira** (BVC). Hay taxis a la salida y el trayecto a la ciudad cuesta 1000 CVE aprox., algo más si el destino es otro lugar de la isla. Los turoperadores organizan el transporte en autobús desde el aeropuerto a los resorts de la costa.

### Aeropuerto de Praia

El principal aeropuerto internacional de Cabo Verde es el **aeropuerto Nelson Mandela** (RAI), a unos 5 km de Platô, en el centro de Praia. Hay taxis a todas horas y el trayecto a la ciudad ronda los 1100 CVE.

# Cómo desplazarse

Desplazarse por Cabo Verde implica tanto moverse dentro de cada isla como viajar entre ellas. Ambas cosas son bastante fáciles, pero requieren algo de planificación antes de salir de casa para evitar inconvenientes y no perder el tiempo una vez se está en el archipiélago.

## 'Aluguer'

La forma más habitual de desplazarse en todas las islas es en *aluguer,* una especie de autobús o taxi compartido con ruta fija. Estos vehículos esperan en lugares específicos en las ciudades hasta que se llenan, y luego hacen una ruta fija a otra ciudad, recogiendo y dejando pasajeros por el camino. Los conductores esperan a que el microbús (casi siempre un Toyota Hiace casi nuevo) se llene antes de salir, lo que significa que, si el *aluguer* está vacío al subirse, la espera puede ser larga. Al llegar al destino se paga al conductor por la ventanilla. Es una forma cómoda y barata de viajar, y también brinda la oportunidad de conocer a la población local.

## Coche de alquiler

En Cabo Verde no hay muchos turistas que opten por alquilar un coche, aunque esto varía de isla en isla. Sal tiene una sola carretera en mal estado y no tiene sentido ir en coche propio, pero en Santiago puede ser buena idea. En Boa Vista hace falta un todoterreno para llegar a los parajes naturales que

**WEBS ESENCIALES**

cvinterilhas.cv (ferris) y
caboverdeairlines.com (vuelos)
son dos sitios web necesarios para
organizar viajes entre islas.

CV Interilhas · Cabo Verde Airlines

merece la pena visitar, y en Santo Antão las calles están adoquinadas y en buen estado. Para alquilar un coche hay que tener carné de conducir vigente (de cualquier sitio). Los precios son los mismos que en Europa.

### Ferri

No se recomienda viajar entre islas en ferri. Aunque se supone que los barcos tienen un horario fijo, los retrasos y las cancelaciones son la norma. Es mejor volar, ya que los horarios de los vuelos son más fiables y los viajes mucho más cortos. CV Interilhas opera la mayor parte de los ferris, que son bastante viejos, con servicios básicos y tiempos de viaje muy largos. La única excepción es el trayecto entre Mindelo y Santo Antão, corto y fiable, operado por dos empresas diferentes.

### Avión

Para viajar entre islas lo más fácil es hacerlo en avión. A mediados del 2024, Cabo Verde Airlines tomó el control de manera temporal de Bestfly, la única aerolínea que vuela entre islas. Cuando se redactó esta obra no estaba claro aún cuánto tiempo durará esta situación. Se pueden comprar los billetes en línea.

### A pie

La mejor manera de ver las ciudades y pueblos de Cabo Verde es a pie, sobre todo en Praia, Mindelo y Santa Maria. Las mejores islas para el senderismo son Santo Antão, Santiago y Fogo.

### Taxi

La forma más común de desplazarse dentro de cada isla es en taxi. En Santa Maria se puede ir a la playa desde el hotel en taxi y en Santiago lo mejor es contratar a uno todo el día para recorrer la isla. El cinturón de seguridad es opcional y a veces inexistente; los coches varían entre casi nuevos y "listos para el desguace". La mayoría de los taxistas conducen con mucho cuidado, son amables y considerados. Muy pocos hablan inglés.

### Autobús

Hay servicio público de autobús en la capital, Praia, y en Mindelo, pero pocos turistas lo utilizan. El turoperador alemán TUI tiene sus propios autobuses para turistas en Sal y Boa Vista.

### Todoterreno

En muchas islas, el único modo de llegar a los sitios más remotos es en un Toyota Hilux; es una manera excelente de ver los paisajes, sentir el viento, la arena y alguna araña ocasional en el pelo. Recorrer las dunas de Boa Vista en todoterreno es algo increíble y en el valle de Paúl y en Santo Antão se utilizan como *aluguer*.

**Dcha.: ferri, Mindelo.**

# Información esencial

## Billetes de ferri

Se pueden comprar los billetes de ferri en el sitio web de CV Interilhas hasta 90 min antes de la salida. No hace falta imprimirlo, el código QR del correo de confirmación en el móvil es suficiente. Siempre suele haber billetes disponibles y no son muy caros.

## Billetes de avión

Es fácil comprar billetes en el sitio web de Cabo Verde Airlines, pero no salen listados en ciertos sitios web como Skyscanner. Hay que reservar los vuelos con bastante antelación ya que se llenan rápido. Todos los billetes incluyen un límite de equipaje de 23 kg y dos bolsos de mano.

PRECIOS

Ferri de São Vicente a Santo Antão
1500 CVE

Circuito en taxi
1000 CVE por hora

Taxi del aeropuerto de Sal a Santa Maria
1500-2000 CVE

## PASAPORTES

Para tomar un ferri o un avión hay que enseñar el pasaporte además del billete.

# 🎁 Otra cara de Cabo Verde

Los vestigios y genes que dejaron los colonizadores de antaño, junto con algunas curiosas incorporaciones recientes, hacen de Cabo Verde un lugar intrigante y maravilloso.

## Cementerios de conchas

Reciben este nombre los lugares donde los restaurantes tiran las conchas y se han convertido en una atracción turística para buscadores de tesoros. Desafortunadamente no hay conchas enteras e intactas, pero algunos de los fragmentos se pueden convertir en un perfecto *souvenir* o incluso en una joya. El cementerio de conchas más famoso está en **Santa Maria** (p. 43), pero hay más por todo el archipiélago.

## Calles adoquinadas

Cabo Verde es tierra de adoquines e incluso las carreteras principales entre ciudades están cubiertas de piedra volcánica, lo que hace que algunos viajes por carretera en la parte trasera de un *aluguer* resulten algo incómodos. Sin embargo, este tipo de recubrimiento es mucho más sostenible que el asfalto, ya que la piedra dura mucho más. En la **ruta 66** (p. 67), en Boa Vista, se aprecia este adoquinado.

## Restaurantes italianos

En Cabo Verde hay restaurantes italianos en todos los lugares de interés, que añaden variedad a la oferta gastronómica. Es sorprendente cuántos hay y la calidad de la comida que sirven, normalmente con pescado y marisco local.

## Murales

Este es un país cubierto de murales: desde tiburones azules hasta Cesária Évora, pasando por diseños africanos abstractos y enormes banderas nacionales adornando edificios desde Santa Maria a Ponto do Sol. Son bonitos y cada año hay alguno nuevo. En Santa Maria –Sal– y en Ribeira Grande –la capital de Santo Antão– hay murales excepcionales.

---

**FUERA DE RUTA**

El **campo de concentración de Chão Bom** (p. 86), de la era fascista portuguesa, cerca de Tarrafal (Santiago).

Pasar una noche en el **campamento ecológico Lemba Lemba** (p. 89) de Santiago.

El artista Eurico Andrade Estrela puede convertir cualquier concha en una joya única en **Art do Mar** (p. 73), en Sal Rei.

Visitar en un viaje en ferri **Brava** (p. 98), la isla más remota y de más difícil acceso; con pocos turistas.

Ruta 66 (p. 67).

Mural de Okuda, Santo Antão (p. 107).

# Explora
# Cabo Verde

## Circuitos a pie

Cidade Velha (p. 78), Santiago.
GAIL JOHNSON/SHUTTERSTOCK ©

Sugerencias de lugares para comer, beber y comprar en **p. 50**

# Explora
# Sal

Puede parecer una paradoja que la isla más visitada de Cabo Verde sea en realidad la más seca e inhóspita del país, con un paisaje que parece de otro planeta. Pero apenas se ha pasado un rato en la isla –la tercera más pequeña del archipiélago-, se descubre que Sal ofrece mucho más de lo que parece. A lo largo de su costa volcánica hay lugares de una belleza natural extraordinaria, con piscinas de sal, tortugas anidando y tiburones que nadan entre los pies muy cerca de la costa. La ciudad de Santa Maria, en el sur, es la ciudad menos caboverdiana del archipiélago y la estrella de los circuitos turísticos, con una arena preciosa que atrae a turistas de toda Europa, en especial durante el invierno.

## Cómo desplazarse

 **Taxi**
Hay taxis a la salida del aeropuerto y en Santa Maria los taxistas andan a la caza de clientes. No se recomienda recorrer la isla en taxi, ya que no suelen ser vehículos aptos para todos los terrenos.

 **Todoterreno**
La mayoría de los turoperadores utilizan el Toyota Hilux para transportar a los clientes por la isla, que casi no tiene carreteras. Los asientos traseros de estas camionetas van a la intemperie.

 **'Aluguer'**
Los taxis con ruta fija operan a todas horas entre el amanecer y el atardecer entre Santa Maria y la capital, Espargos.

**Ojo Azul (p. 45).**
ANNE-MARIE PALMER/ALAMY STOCK PHOTO ©

### LO MEJOR

Tumbarse al sol en la playa más espectacular de Cabo Verde, la **PLAYA DE SANTA MARIA** (p. 40).

De relax en las maravillosas piscinas de sal de **PEDRA DE LUME** (p. 38).

Los tiburones limón bebé nadan entre los pies en **BAÍA DA PARDA** (p. 44).

Un festín de marisco al atardecer en el antiguo puerto, en el **RESTAURANTE FAROLIM** (p. 50).

**Más información**

★ Imprescindible p. 38
✹ Experiencias p. 44
✿ Comer p. 50
🍺 Beber p. 52
🛍 Comprar p. 53

N
0 ————— 5 km

Monte Grande

Monte Leste

Sal

🔢3 Buracona

Palmeira 42

Espargos

Monte Curral

14

Praia da Fontona

Aeropuerto Internacional Amílcar Cabral

Monte Leão

Ilhéu de Rabo de Junco

Salinas de Pedra de Lume

Monte Cagarral

Pedra de Lume

1

Baía da Parda

Ribeira de Tarrafo

Murdeira 15

Calheta Funda

Tirolina Cabo Verde

Playa de Fragata

Costa da Fragata

Pachamama Eco Park

Mitú & Djo

2

5

Santa María

Ponta Preta

7

Projeto

9

Biodiversidade

Playa de

Véase "Santa María"

Santa María

Mercado municipal

R. do Fogo
P. Santiago
R. de Santo Antão
R. de Santa Luzia

R. das Salinas
R. de Lombinha
R. Cidade de Almada
R. Municipalidade de Cabo Verde
R. de Alcatraz
R. de Agosto

R. da Morria
R. Ilha do Sal
R. Criolo
R. de Trás
R. da Independência
R. Amílcar Cabral
R. de Posadela
Av. João De Deus Maximino
R. da Música

Yoga Cabo Verde
Museu do Sal

Praia António Sousa
Angulo

Muelle

Hotel Morabeza

Salina Velha

Océano Atlántico Norte

Praia de Santa María

400 m
0

★ IMPRESCINDIBLE

# Pedra de Lume

Una visita obligada desde Santa Maria es la mina de sal de Pedra de Lume, 26 km al norte. Este sitio protegido por la Unesco es de interés por su historia y porque ofrece la posibilidad, como el mar Muerto, de remojarse en la salmuera local. Todos los circuitos por las islas paran en Pedra de Lume.

PLANO: P. 36 **D2**

**CONSEJO**
Se recomienda pasar 20 minutos aproximadamente dentro del agua, lo que significa que la visita ronda la hora de duración.

## Un poco de historia

La localidad de Pedra de Lume es el asentamiento portugués más antiguo de la isla de Sal. En 1804 Manuel António Martins –un rico comerciante portugués que más tarde se convertiría en el gobernador colonial del archipiélago– se percató del potencial comercial de la sal local. Allí el agua del océano (a 1 km de distancia) se filtra por las grietas de la roca y se acumula en el interior del cráter de un volcán extinto creando salinas (estanques de agua salada). Como no tiene dónde ir, el agua se evapora y deja atrás sal de gran calidad, una mercancía de mucho valor en el pasado que se exportó durante casi todo el s. XIX. Cuando en 1887 Brasil –el principal mercado de Cabo Verde– prohibió la importación de sal, cayó el negocio. A principios del s. XX una empresa francesa recuperó las salinas, y la mina de sal sigue en activo a pequeña escala.

## Túnel y teleférico

Para extraer la sal, Martins ordenó que se excavara un túnel por el cráter y hoy los visitantes entran por esta apertura (justo detrás de la taquilla) a las salinas. Debajo están los salares, de color crema y rosa, rodeados de las paredes rocosas del cráter. Las estructuras de madera que conectan el

REDA&CO/GETTY IMAGES ©

cráter con el exterior son restos del único teleférico que ha habido en el país, construido por los franceses para transportar la sal al puerto cercano. Como en Sal no hay árboles, toda la madera se transportó hasta allí desde Francia.

## Darse un baño

Lo mejor de Pedra de Lume es la posibilidad de bañarse. No se puede nadar, ya que la concentración de sal aquí es casi tan alta como en el mar Muerto, pero se puede flotar en el agua. Antes de meterse hay que quitarse el reloj (sea inteligente o deportivo), ya que el salitre es muy corrosivo y acaba con todos los contactos bajo los botones y destruye completamente el reloj, incluso si es sumergible. En invierno el agua está templada.

**UNA PAUSA**
Hay una cafetería junto a las duchas que vende refrescos; se pueden comprar antes de bajar a la zona de baños. También se puede llevar un pícnic.

★ IMPRESCINDIBLE

# Playa de Santa Maria

La primera razón por la que la gente viaja a Cabo Verde es la playa de Santa Maria, grande y dorada, con un mar azul turquesa que da forma a un paisaje extraordinario. Pero esta playa tiene bastante que ofrecer aparte de arena, mar y sol.

PLANO: P. 36 **D4**

**CONSEJO**
Merece la pena llegar al muelle temprano para ver cómo llegan los pequeños barcos pesqueros con la captura del día.

Escanea este código QR para ver imágenes de la webcam de la playa de Santa Maria.

### Arena dorada

La playa más famosa de Cabo Verde se extiende 3,5 km desde Porto Antigo hasta los grandes resorts RIU del oeste de la ciudad. Esta preciosa franja de arena dorada que el viento ha llevado hasta allí desde el Sahara a lo largo de milenios puede llegar a medir en algunos puntos hasta 100 m de ancho y da cabida a los miles de turistas que llegan a Sal, sin parecer, en ningún momento, que esté llena. La arena es fina, suave y cálida bajo el sol del Atlántico. Hay varios chiringuitos a lo largo de la playa, pero ofrece espacio de sobra para tumbarse al sol. Este es el lugar perfecto para ver a los lugareños más jóvenes jugando al fútbol –imitando a los Tiburones Azules– o relajándose en la playa y en los chiringuitos el resto.

### El muelle

En la playa de Santa Maria también se puede pasear por su **pontón** (*pontão*), un embarcadero de madera de 120 m de largo que se adentra en el Atlántico al oeste de Porto Antigo y que suele estar lleno de turistas curiosos que observan cómo los pescadores llegan con la captura del día para venderla luego al público y a los restaurantes.

SAMUEL BORGES PHOTOGRAPHY/SHUTTERSTOCK ©

Es el punto de salida de los viajes en barco, y se pueden reservar circuitos por las islas y comprar recuerdos. En el muelle hay una *webcam*, así que se ve qué está pasando antes de salir de casa o del hotel. Hay que tener cuidado con los carteristas y los estafadores.

### En el agua

El muelle es ideal para aquellos con espíritu aventurero, con viajes de un día o medio en catamarán o en yate, excursiones de *kitesurf, windsurf* y motos acuáticas. Es fácil organizarlo el mismo día con los operadores del *pontão*. Cerca de la playa las corrientes son muy fuertes, así que hay que tener cuidado, sobre todo si se va a nadar mar adentro.

**UNA PAUSA**
El mejor sitio para comer cerca de la playa es el **Palm Beach** (p. 50), un restaurante con carta de influencia italiana, sombra bajo las palmeras y el suelo de arena.

41

**CIRCUITO A PIE**

# Un paseo por Santa Maria

Esta ruta tranquila comienza donde nació el turismo en Cabo Verde y termina donde mueren las conchas y se reencarnan en *souvenirs* exóticos.

| INICIO | FINAL | DURACIÓN |
|---|---|---|
| Hotel Morabeza | Cementerio de conchas | 2,3 km; 2 h |

Costa da Fragata

SANTA MARIA

R. Taboura

R. da Morna (R. do Novo Mercado)

R. do Fogo

Av. João De Deus Maximiano

R. do Criolo

Tv. Eninge

R. da Música

R. Criolo

R. das Salinas

R. Amílcar Cabral

R. 1 de Junho

*Salina Velha*

INICIO 1

2

Praia de Santa Maria

Pontão de Santa Maria

Praça Manoel António Martins

3 4

R. 15 de Agosto

5

R. de Lombinha

Praia António Sousa

6

FINAL

7

0      500 m

## ① El inicio del turismo

Desde el exterior parece una especie de cuartel militar, pero por dentro el **Hotel Morabeza** (p. 45), el primer hotel para turistas del país, es elegante y lujoso, y recibe excelentes reseñas. Este pequeño oasis con historia fue en el pasado el único edificio propiamente dicho de Santa Maria.

## ② Epicentro turístico

El **muelle** (p. 40) y sus alrededores reúnen el centro de la actividad turística de Santa Maria, donde las mujeres del lugar limpian y venden pescado tropical, otros ofrecen circuitos en barco, los turistas pasean y los vendedores ambulantes intentan vender sus baratijas a precio de oro.

## ③ El pasado de Sal

En el centro de la ciudad se encuentra el pequeño **Museu do Sal** (p. 46), una parada que merece la pena para disfrutar de la exposición, breve pero interesante, sobre la historia de la isla.

## ④ Animada y peatonal

Todos los turistas terminan en algún momento de su visita en la **Rua 1 de Junho,** una calle peatonal de aspecto europeo con un número considerable de bares, restaurantes, tiendas y otro tipo de negocios. A la mayoría de los caboverdianos les escandalizaría ver una calle así en su país (la mayoría de ellos nunca ha estado en Sal).

## ⑤ El viejo Sal

La parte más agradable de Santa Maria es **Porto Antigo** (puerto antiguo), un oasis de tranquilidad y plantas tropicales que crecen entre las estructuras de piedra que en el pasado formaban el puerto de Sal. En la actualidad se erige en su lugar uno de los hoteles más elegantes de Cabo Verde, el Odjo d'Agua.

## ⑥ Surf

El mejor chiringuito y club de surf del país es **Angulo** (p. 49), en una playa poco concurrida del este de la ciudad y propiedad del icónico Josh Angulo, doble campeón de *windsurf.* Es el mejor lugar del país para recibir clases de *windsurf.*

## ⑦ Donde descansan las conchas

Puede parecer extraño finalizar el paseo en un basurero, pero este en particular atrae a muchos turistas a Sal. Conocido como el **cementerio de conchas,** este es el lugar donde los restaurantes depositan las conchas del marisco que han utilizado.

## Caminar entre tiburones en Baía da Parda
VIDA SALVAJE

PLANO: ❶ P. 36 **D2**

La **Baía da Parda** está en la costa este de la isla a 25 min en coche de Santa Maria y es de visita obligada en Sal. Este animado lugar es solo accesible en todoterreno y sus aguas cálidas, poco profundas y llenas de nutrientes están habitadas por tiburones limón bebé. Hay que ponerse calzado de goma e ir con guía para adentrarse en el agua hasta la altura de los tobillos y ver cómo los tiburones nadan entre los pies, a menudo en gran número. Los guías tiran alimento al agua para atraerlos y conocen bien los lugares donde suelen estar y su comportamiento. Hay que tener cuidado al caminar, porque también hay erizos de mar negros.

## Practicar 'kitesurf' en la playa de Fragata
PLAYA

PLANO: ❷ P. 36 **D4**

Hacia el noroeste de Santa Maria, a 10 min en todoterreno, se encuentra la **playa de Costa da Fragata** (o playa Kite), muy distinta a la playa de la ciudad. Gracias al incesante viento y a las olas de mayor tamaño, este es el mejor lugar de la isla para practicar o aprender *kitesurf*. La mayoría de la gente acude para observar a los *kitesurfistas* y por la comida y la bebida del excelente chiringuito Mitú & Djo (p. 45) de la escuela de *kitesurf* del mismo nombre, propiedad de Mitú Monteiro, antiguo campeón del mundo de *kitesurf* y nacido en Sal. Toda la actividad de *kitesuft* cesa de junio a octubre, cuando las tortugas llegan para anidar en la fina arena de esta playa.

---

 **EL AEROPUERTO DE MUSSOLINI**

A finales de la década de 1930, el dictador italiano Benito Mussolini buscaba una isla en el Atlántico donde los aviones rumbo a Sudamérica desde Europa pudieran parar a repostar. En 1939 los portugueses le dieron permiso para construir un aeropuerto en Sal, el primero del archipiélago. Tras la II Guerra Mundial, los portugueses tomaron el control del aeropuerto y los aviones sudafricanos lo utilizaron para hacer escala, generando mucha polémica. En los años 80 incluso Aeroflot invirtió dinero para mejorar la infraestructura del aeropuerto. Hoy, su nombre oficial es aeropuerto internacional Amílcar Cabral y gestiona más de un millón de pasajeros al año de más de 20 aerolíneas diferentes.

## Observar el Ojo Azul en Buracona

FENÓMENO NATURAL

PLANO: **3** P. 36 **C1**

Al norte del puerto de Sal, en Palmeira, si se sigue la costa 6 km por un camino de tierra, se llega a **Buracona,** una gran piscina natural de roca volcánica con agua que entra del Atlántico y que calienta el sol africano. Es un auténtico placer bañarse allí, aunque es mejor no meterse si las olas son muy grandes. Cerca está uno de los fenómenos naturales más famosos de Sal, el **Ojo Azul** (u Ojo Mágico), una pequeña grieta en la roca llena de agua del mar que llega por un túnel de 80 m de largo a 20 m de profundidad. Al mediodía la luz del sol entra por el túnel e ilumina el agua de la grieta ofreciendo todo un espectáculo: un gran ojo azul brillante aparece en la roca de basalto.

## Buscar sombra en el jardín botánico de Santa María

JARDINES

PLANO: **5** P. 36 **D4**

Unos 5 km al norte de Santa María, en la carretera principal que lleva al aeropuerto, está el **Ecoparque Pachamama,** un pequeño oasis verde en el árido paisaje de Sal. En parte jardín botánico y en parte un pequeño zoo, allí los pavos reales campan a sus anchas sobre verdes praderas, las especies locales de araña tejen sus telas sobre los cactus, y los gallos cantan y pasean entre los arbustos tropicales. La pequeña cafetería y zona de

### MITÚ MONTEIRO – CAMPEÓN MUNDIAL DE 'KITESURF'

En lo que a deportes se refiere, Cabo Verde lo hace muy bien (p. ej. en fútbol y balonmano). Además de contar con un campeón del mundo de *windsurf* (véase p. 49), también tiene un campeón mundial de *kitesurf,* un deporte para el cual en el archipiélago se dan las condiciones ideales. Mitú Monteiro, de Sal, ganó el campeonato del mundo de *kitesurf* en el 2008 convirtiéndose al instante en el orgullo de Cabo Verde. Unos años más tarde se retiró de la competición y abrió la que muchos consideran la mejor escuela de *kitesurf* del mundo (**Mitú & Djo;** PLANO: **4** p. 38 **D4**; mitudjokiteschoolcaboverde.com) en la playa Kite cerca de Santa María.

relax con sofás y tumbonas es una maravilla. Al lado está el club de golf de Sal, con polvorientas calles de tierra y verdes resecos, sin duda uno de los peores campos de golf del mundo.

## Admirar la elegancia del Hotel Morabeza

HOTEL HISTÓRICO

PLANO: **6** P. 36 **B6**

En 1963, el belga Gaspar Vynckier, dueño de una fábrica, y su mujer Marguerite Massart visitaron Sal y decidieron construir una casa a las afueras de la ciudad de Santa

Maria. Durante las tres décadas siguientes la propiedad creció y se convirtió en el primer hotel turístico de Sal. El aeropuerto de Mussolini (p. 44) y el hotel de Vynckier atrajeron los primeros vuelos chárter a la isla a finales de los 80, inaugurando la industria turística del país. El Morabeza es hoy un elegante hotel de cuatro estrellas con un encanto de antaño en una ubicación espectacular frente a la playa. Sin embargo, los grandes resorts que se han construido a lo largo de la av. dos Hoteis en la última década le hacen sombra.

### Disfrutar del atardecer desde Ponta Preta

PLAYA

PLANO: **7** P. 36 **C4**

Desde el momento en que se ve la playa en **Ponta Preta** (Punta Negra), se hace evidente el origen del nombre de esta franja de arena del noroeste de Santa Maria. La costa allí está llena de grandes rocas de color azul-negro, que contrasta enormemente con la arena dorada de la costa sur. Se puede caminar hasta allí desde Santa Maria, siguiendo la línea de

la marea y cruzando las playas de los resorts por el camino. Desde Vila Verde, el complejo de apartamentos vacacionales del norte, es un paseo corto. Allí suele haber menos gente que en otras playas de la zona y hay un excelente chiringuito pequeño. Esta playa es uno de los mejores lugares de Sal para ver cómo se sumerge el sol en el Atlántico al atardecer.

### Conocer la historia de Sal en el Museu do Sal

MUSEO

PLANO: **8** P. 36 **D6**

Quienes sientan curiosidad por la historia de esta isla, pueden acercarse a este pequeño museo, con una exposición y mucho que leer sobre el pasado de Sal: desde el comercio de sal hasta el aeropuerto de Mussolini, pasando por el turismo y naufragios famosos. Con 15 min es suficiente.

### Presenciar la anidación de tortugas

CRIADERO DE TORTUGAS

PLANO: **9** P. 36 **C4**

En el extremo oeste de la playa de Santa Maria, junto al Hotel RIU Funana, hay un pequeño criadero de

## CORRER EN SANTA MARIA

Quienes necesiten continuar con sus entrenamientos para la próxima maratón, verán que Santa Maria es el lugar perfecto para correr. Es llana de punta a punta y se pueden realizar sesiones de todo tipo. En invierno, la brisa es fresca por la mañana y la tarde, con las condiciones perfectas para salir a correr. De hecho, se ve a muchos europeos corriendo por la costa durante esta época. Los corredores de trail lo tienen más difícil, ya que no hay cuestas y fuera de la ciudad los caminos son muy polvorientos.

tortugas de **Projeto Biodiversidade** (projectbiodiversity.org), visita obligada durante la temporada de anidación de las tortugas (jun-oct). Se llevan hasta allí los huevos de tortugas desde otros lugares para mantenerlos seguros, y cuando los bebés rompen el cascarón los transportan a otras playas para soltarlos en el mar. El personal ofrece charlas informativas y visitas guiadas para pequeños grupos en verano y a principios de otoño para ver cómo anidan las tortugas.

## Comprar todo fresco en el mercado municipal   MERCADO

PLANO: ⑩ P. 36 **D5**

Merece la pena hacer un desvío hacia el norte en la calle peatonal Rua 1 de Junho y pasear un poco hasta el mercado municipal. Antes de llegar a las puertas del mercado por la Rua do Mercado Municipal se verán todos los **murales** famosos en internet, con escenas de Sal, un atún gigante y Cesária Évora. Dentro del mercado hay un par de puestos que venden fruta y verdura a buen precio, además de tiendas de recuerdos, entre las cuales

## CIRCUITOS EN SAL

Hay muchas empresas y particulares que ofrecen circuitos en Sal. Quienes se alojen en un resort con todo incluido pueden organizarlo a través de la agencia de viajes o el hotel. Si se prefiere hacerlo por cuenta propia:

 **Nikol Brédíková** Esta guía eslovaca y su marido organizan circuitos en todoterreno por toda la isla, incluida una parada en una escuela local y el almuerzo en Espargos. (facebook.com/groups/973190957025853)

 **Sal Experience** Ofrece circuitos por la isla y organiza también otro tipo de actividades bajo petición. (facebook.com/Salexperience)

destaca Sabor d'Nos Ilhas (p. 53). Este gran edificio de techos altos y grandes vigas tiene tres plantas, con las dos más altas ocupadas por

---

 **MOSQUITOS EN SANTA MARIA**

En Santa Maria los mosquitos tienen cierta fama. Es algo raro que los haya en una isla sin agua, pero el problema proviene de las zonas con vegetación frondosa de los resorts de la isla. Para evitar noches insomnes y picaduras, conviene tener repelente de mosquitos, ya que en la ciudad hay poco y es caro. Tampoco es mala idea llevarse una red antimosquitos para la cama si el alojamiento es en un apartamento. Los mosquitos de Santa Maria no suponen un riesgo para la salud en lo que respecta a contraer enfermedades, pero son muy molestos.

oficinas de las autoridades municipales y varios artesanos. Muchos circuitos en todoterreno paran allí antes de salir de Santa Maria.

## Yoga Cabo Verde
YOGA

PLANO: ⑪ P. 36 D7

Este apreciado **club de yoga** (yogacaboverde.com) ofrece sesiones de yoga al amanecer y al atardecer en un porche frente al mar, además de otras clases. Los profesores hablan inglés y su estilo es una mezcla de *hatha* y *vinyasa,* con varias clases para principiantes y también para los yoguis más avanzados.

## Aventura en Sal
CIRCUITO

El turoperador **No Limits** (nolimitsadventure.com) ofrece circuitos en *buggy* todoterreno por la isla desde Santa Maria, una forma muy popular, aunque polvorienta, de ver Sal en un día o medio. En cada *buggy* viajan dos pasajeros y todas las mañanas sale un convoy de la ciudad hacia el norte. Esta es una aventura todoterreno que no requiere habilidades de conducción especiales. Los participantes

van con casco y un mono especial para proteger la ropa del polvo rojo de Sal.

## Tirolina Cabo Verde
TIROLINA

PLANO: ⑫ P. 36 D3

La única tirolina de Cabo Verde cubre 1000 m a una velocidad considerable, entre la cima de un monte al norte de la playa de Costa da Fragata (Kite) y la costa. La empresa que lo organiza recoge a los participantes en Santa Maria para llevarlos a la "plataforma de lanzamiento" en todoterreno. Después de una charla sobre seguridad y de equiparse al completo, cada uno es lanzado al paisaje anaranjado de Sal, aterrizando un minuto después cerca del Atlántico. Es una excelente manera de pasar medio día si gustan los deportes de riesgo en vacaciones y, gracias a su excelente personal, resulta una experiencia muy divertida.

## Aprender 'windsurf' estilo campeón
WINDSURF

PLANO: ⑬ P. 36 E7

En el extremo oriental de la costa de Santa Maria está **Angulo**

### 🏨 ALOJAMIENTO CON COCINA EN SANTA MARIA

Aquellos que se alojen en un apartamento de alquiler vacacional en Santa Maria y tengan pensado cocinar, deben tener en cuenta que los supermercados ofrecen pocas opciones. Solo Cazu en la av. João de Deus Maximiano y Tende Tuto en Travessa Fninga tienen una selección decente de productos; las tiendas de alimentación allí venden recuerdos, enseres domésticos y alimentos básicos. El agua de grifo en Sal está desalinizada, sabe bastante bien pero es mejor no beberla por seguridad. Hay envases de 5 litros en cualquier tienda.

**JOSH ANGULO**

Actor, campeón mundial de *windsurf* y celebridad local en Sal, Josh Angulo vive entre Portugal y Cabo Verde y dirige la escuela de *windsurf* y chiringuito Angulo en Santa Maria. Nacido en Hawái, el padre de Josh fue un *windsurfista* de Oahu de alto nivel. En el 2003 y 2009 Angulo fue proclamado campeón mundial de *windsurf,* y protagonizó tres películas. La más famosa es *The Windsurfing Movie* (2007), que se filmó en parte en Cabo Verde.

(angulocaboverde.com), considerada una de las mejores escuelas de *windsurf* del mundo y propiedad del doble campeón mundial de *windsurf,* Josh Angulo. Allí se consigue todo el equipo necesario para clases de todos los niveles, desde principiantes a avanzados.

### Bucear en Sal
SUBMARINISMO

Sal es un destino popular para el submarinismo con al menos 15 puntos de inmersión excelentes cerca de Santa Maria, que incluyen naufragios, cuevas y arrecifes. **Cabo Verde Diving** (caboverdediving.net) y **Eco Dive School** (ecodiveschool.com) operan desde Santa Maria.

### Almuerzo y radares en Espargos
CIUDAD

PLANO: **14** P. 36 **C2**

La mitad de la población de Sal vive en la capital, **Espargos,** 20 km al norte de Santa Maria y cerca del aeropuerto. Aunque no merezca una visita por sí misma, algunos circuitos por la isla paran allí, normalmente para almorzar. El único atractivo que ofrece es el **Monte Curral,** un monte de 107 m de alto en medio de la ciudad que se puede ascender para disfrutar de las vistas del centro de la isla. En lo alto hay una estación de radar de la OTAN con jóvenes soldados aburridos vigilando la entrada.

### Observación de tortugas y leones en la bahía de Murdeira

PLANO: **15** P. 36 **C3**

Unos 10 km al norte de Santa Maria está la localidad de **Murdeira,** donde algunos turistas optan por alojarse. El pueblo está en una bahía ancha (Baía da Murdeira) con **Monte Leão** hacia el norte, una cima costera de 165 m de alto que parece un león descansando. Se dice que Francis Drake (al que los guías locales a menudo se refieren como un pirata) fue quien le dio este nombre. El agua cerca del pueblo es poco profunda y atrae a tortugas durante todo el año. Si se pasa un rato observando se verá una o dos cabezas asomándose en el agua. Allí las playas no son nada especial, aunque el lugar, pequeño y artificial, ofrece una experiencia íntima.

SUGERENCIAS

# Lo mejor para...

💲 Económico  💲💲 Medio  💲💲💲 Alto

Localizaciones en
el plano de la **p. 36**

## Comer

### Esencia caboverdiana

**Art Kafe** 💲💲

**16** E6

Pequeña cafetería criolla
colorida y muy animada
en el este de Santa Maria
que ofrece cachupa tra-
dicional, platos de arroz,
curris y una larga carta
de bebidas. *9.00-22.30
ma-do*

**Dez Pedrinhas** 💲

**17** C2

Parada muy popular de
Espargos en los circuitos
en todoterreno por la
isla. Podrán degustarse
cigalas, cachupa, filetes
y postres deliciosos en
un comedor luminoso y
animado. *11.00-22.30*

**Farolim** 💲💲

**18** D7

En Porto Antigo, cuenta
con una terraza ideal
para la cena, una carta
muy completa de platos
locales y personal
amable. *18.00-23.30*

**Palm Beach
Restaurant** 💲💲

**19** C6

Este restaurante al aire
libre en la playa (foto)
sirve cocina cabover-
diana con un toque
italiano bajo la sombra
de las palmeras. *11.00-
22.00*

### Cocina italiana

**Baraonda** 💲💲

**20** B6

Para disfrutar de sus
grandes porciones de
pescado y marisco, pasta
y *pizza* en un ambiente
acogedor. *18.00-22.00
mi-lu*

**La Trattoria** 💲💲💲

**21** C5

Elegante y más lujoso
que los otros restau-
rantes italianos de Sal,
se toman muy en serio
las pastas caseras y las
delicias del mar. *18.30-
22.00 ma-do*

**Marea** 💲💲

**22** C5

Restaurante abierto
solo para la cena en un
jardín bajo la sombra de
una buganvilla en una
ubicación algo insalubre.

Sirve excelente pescado
y marisco locales. *19.00-
22.00 ma-sa*

**By Valeria** 💲💲

**23** A6

La dueña de este
aclamado bistró para el
almuerzo supervisa cada
plato de pasta casera
que sale de la cocina.
Cuenta con muchas
opciones veganas,
vegetarianas y sin gluten.
*9.00-17.00 lu-sa*

**Columbus** 💲💲

**24** E7

Chiringuito italiano en un
entarimado cubierto en
la misma playa. Ofrece
un bufé de desayuno
económico, grandes
*pizzas,* sándwiches
y almuerzos ligeros,
además de una gran
selección de bebidas.
*8.00-23.00*

### Desayuno, 'brunch'
y almuerzo ligero

**Cape Fruit** 💲

**25** E7

Lugar en sombra y
agradable al fondo de la
playa en la parte oriental
de la ciudad. Sirve café,
desayunos, comidas
ligeras, batidos y zumos.

EYE35 STOCK/ALAMY STOCK PHOTO ©

Es popular y siempre hay gente. *8.00-16.00*

### Papaya ⑤

🟢 **26** **C6**

Cafetería moderna abierta a todas horas en la calle peatonal principal que ofrece la mejor selección de platos vegetarianos y veganos de la ciudad. *7.00-22.00*

**Después del surf**

### Angulo ⑤⑤

véase  **E7**

Propiedad del campeón mundial de *windsurf* Josh Angulo, el chiringuito

más aclamado de Sal es el lugar ideal para un desayuno copioso, un almuerzo ligero y un cóctel nocturno. *7.30-24.00*

### Robinson ⑤⑤

🟢 **27** **A8**

Parte del exclusivo Robinson Club Resort, este elegante chiringuito ofrece pufs donde relajarse y seguir el ritmo de la música de DJ con los pies. *9.00-24.00*

### Ponta Preta ⑤⑤

véase 🔴 **7** **C4**

Al noroeste de Santa Maria, en la playa de Ponta Preta, ofrece pescado y marisco a la parrilla, *pizza* y postres locales bajo un techo de hojas de palma. *10.00-21.00*

### Mitú & Djo ⑤⑤

véase  **D4**

Este chiringuito-restaurante en la playa de Costa da Fragata es muy popular todo el día entre kitesurfistas y bañistas. Sirve copiosos platos

51

de pasta, hamburguesas y pescado y marisco. *8.00-atardecer*

### Pastelerías portuguesas

#### Pão Quente

**28** C6

Cafetería-pastelería siempre llena con la típica selección de sándwiches de jamón y queso y dulces, incluido un riquísimo pastel de nata. *7.00-19.00*

#### Padaria Portuguesa

**29** C6

Pequeña cafetería-pastelería portuguesa en la estropeada Rua do Criolo que ofrece buen café y bollos. Es el lugar perfecto para desayunar o comer algo ligero si se está por la zona. *7.00-18.00*

### Cocina internacional

#### Bounty

**30** A7

El restaurante de playa más elegante de Sal ofrece pescado y marisco local y platos internacionales en un comedor con cocina abierta. *10.00-1.00*

#### Cafe Criolo 💲💲

**31** D6

En la turística Rua 1 de Junho, con música en directo los viernes y

sábados por la noche, cuenta con una carta de platos internacionales copiosos y bien cocinados. *7.00-22.00 lu-sa*

#### Ocean Cafe 💲💲

**32** C6

Bar-restaurante llamativo y polifacético con platos internacionales, cócteles y más. *7.00-1.00*

#### Meky's 💲💲

**33** C6

Hamburguesas y comida rápida muy recomendadas en un ambiente moderno; la hamburguesa vegetariana está muy rica. *11.00-23.00*

#### Restaurante Budha Beach 💲💲💲

**34** D4

Hotel-restaurante con carta mediterránea (española). Es un lugar tranquilo y perfecto para ver el atardecer. *11.00-23.00*

#### Hot Spot

**35** D6

Aunque los fideos chinos no sean el plato más típico de Cabo Verde, este lugar seminuevo tiene muchas opciones vegetarianas y veganas, y las porciones son enormes. 18.00-*24.00*

### Heladerías

#### Giramondo

**36** C6

Pequeña cadena de heladerías en Sal con helados artesanos de muchos sabores tropicales. La heladería del centro de la ciudad está siempre llena, mientras que la de Leme Bedje es perfecta para el desayuno. *8.00-24.00*

# Beber

### 'Pubs', bares y discotecas

#### Buddy Bar

**37** C6

El mejor *pub* de Santa Maria, con mucha gente en un espacio grande y a veces hasta en la calle, la Rua 1 de Junho. Tiene bar en la azotea, fútbol en la TV y música en vivo por la noche. *18.00-4.00*

#### Pub Calema

**38** C6

De los mejores de la ciudad, en la principal calle peatonal de Santa Maria, con fachada de grafiti y un bar siempre lleno; cerveza local y música en vivo. *17.00-4.00*

## Bodeguinha

 **C6**

Cervezas artesanas cerca de la 'estación' de *aluguer*, con cerveza propia, cócteles, aperitivos y una decoración sencilla pero moderna. *17.00-23.00 lu-sa*

## Pirata

véase  **B6**

La única discoteca de Santa Maria es mucho mejor por dentro que por fuera –una enorme calavera atravesada por un sable pirata– con DJ hasta altas horas de la madrugada. *22.00-6.00 mi-sa*

# Comprar

## Artesanía y recuerdos
### Djunta Mo Art

 **C6**

Excelente tienda de artículos fabricados en Cabo Verde y que apoya a los productores locales, cooperativas, asociaciones de mujeres artesanas y organizaciones sin ánimo de lucro de todo el país. El mejor lugar para comprar un recuerdo auténtico. *8.00-21.30*

### Sabor D'Nos Ilhas

véase  **D5**

En el mercado municipal, el "Sabor de nuestras islas" vende artículos de todo Cabo Verde: café, vino y esculturas de piedra pómez de Fogo, arte reciclado, compotas de Santo Antão y más. *9.00-13.00 y 14.30-18.00 lu-sa*

### Visões Africanas

 **B6**

Galería de arte comercial y tienda de recuerdos con esculturas, pinturas, joyas, tambores y mucho más proveniente de África. *9.00-18.00*

### Terra Terra

 **C2**

Tienda de recuerdos en el centro de Palmeira, con artículos auténticos de Cabo Verde y baratijas genéricas de África occidental. Suele haber turistas de viajes organizados o que esperan el próximo ferri. *9.00-18.00 lu-sa*

## Productos frescos
### Mercado municipal

 **D5**

El mercado municipal de Santa Maria es casi el único sitio de la ciudad donde se puede comprar fruta y verdura fresca a precios razonables. *9.00-18.00 lu-sa*

## Telas locales
### Sonho Rustica

 **B6**

Tienda pequeña cerca del Hotel Morabeza con ropa hecha a mano de coloridas telas africanas, además de joyas y bolsos artesanos. *9.00-18.00 lu-sa*

### Bazof

 **C6**

Tienda grande con una vieja furgoneta Volkswagen en el medio donde se venden toallas de playa, chanclas, camisetas y artículos de estilo surfista moderno. *9.00-22.00*

Sugerencias de lugares para comer, beber y comprar en **p. 71**

# Explora
# Boa Vista

Boa Vista, la tercera isla más grande del archipiélago, ofrece una experiencia más silvestre y auténtica. Es una isla de altas dunas formadas durante milenios por el viento sahariano, playas de ensueño con un mar zafiro, salinas que brillan bajo el sol y visitas nocturnas a los nidos de tortugas. Se puede disfrutar de la Vía Láctea en el desierto, de comida local en restaurantes innovadores, de almuerzos relajados en bares de playa y de hogueras en cuevas de piratas. La capital de la isla es la modesta Sal Rei, pero la mejor forma de disfrutar de Boa Vista es en todoterreno, para explorar la cara más salvaje de Cabo Verde.

## Cómo desplazarse

 **Taxi**

En el aeropuerto hay taxis a la llegada de los vuelos. El trayecto a Sal Rei cuesta 1000 CVE. No se recomienda recorrer la isla en taxi, ya que no suelen ser todoterrenos.

 **Todoterreno**

En general los turoperadores utilizan Toyota Hiluxes para llevar a los turistas por la isla, donde los lugares más interesantes suelen estar lejos de la carretera.

**Coche de alquiler**

No es mala idea alquilar un coche en Sal Rei, pero debe ser un todoterreno para poder explorar la isla.

## LO MEJOR

Admirar el paisaje o hacer *snowboard* en las dunas en el **DESERTO DE VIANA** (p. 64).

Disfrutar de la arena en la enorme **PLAYA DE SANTA MÓNICA** (p. 65).

Visitar la playa de noche con un guía para **VER CÓMO ANIDAN LAS TORTUGAS** (p. 58).

Un festín de ingredientes cultivados *in situ* en el excelente **BOWLAVISTA RESTAURANT** (p. 67).

Naufragio del 'Santa Maria' (p. 64).

Sal Rei

Praia de
Atlanta

Boa
Vista

Museu do Naufrages
(Museo de los Naufragios)

R Tcr. Perfeita
R de Rego
R dos Emigrantes
R 1° de Maio
R Bom Sossego
R Padre Varela
Av Amílcar Cabral
R Amizade Seixal
Iglesia de
Santa Isabel
Largo (Praça)
Santa Isabel
Av 5 de Julho
Casa de
la Memoria
R 4 de Julho
Bowlavista

Océano
Atlántico
Norte

Praia de
Estoril

0          200 m

## Más información

| Imprescindible | ⭐ p. 58 |
| Experiencias | 🌟 p. 64 |
| Comer | ✖ p. 71 |
| Beber | 🍷 p. 73 |
| Comprar | 🔒 p. 73 |

0                    10 km

Océano
Atlântico
Norte

Capilla de
Nuestra Señora
de Fátima

Vigia

Santa
Maria

Spinguera
Ecolodge  12

Monte
Preto

Praia da
Calheta

17

Praia de
Atlanta  25

31

Véase "Sal Rei"

Bofareira

8

Sal Rei  27

Praia de
Carlota  26

Ihéu de
Sal Rei

Boca de
Salina

Aeropuerto
internacional
Aristides Pereira

Ruta 66  10

Monte
Calhau

Tope de
Entre
Sapato

Fundo das
Figueiras

21

Praia de
Carlota

Praia da
Boca de Salina

28

Rabil

Amador

Tope de
Serrinha

Cabeça de
Tarafes

1   Deserto
de Viana

Morinhona

Caçador

Praia de
Chaves  19

Boca
Vista

Monte da
Figueira
Velha

bahía
de las
tugas  7

Morro de
Areia

Salamansa

Morro
Joaquim
Barros

Santo
Antonio

Cuevas de
Varandinha  6

Povoação
Velha

Rocha
Estância

Monte
Estância

18   Playa de
Ervatão

Praia do
Curralinho

Playa de
Santa Mónica  5

Praia de
Santa
Mónica

Riu Toureg
Hotel

16

Praia de
Curral
Velho

9   Curral Velho

13

Praia de
Carquejinha

Playa de
Lacação

Ilhéu
do Curral
Velho

★ IMPRESCINDIBLE

# Observación de tortugas en Boa Vista

En Cabo Verde se encuentra la tercera mayor población de tortugas bobas del mundo y la mayoría está en Boa Vista. La observación de tortugas es una experiencia que no hay que perderse, pero hay que tener en cuenta que la época de anidación es de junio a octubre.

**CONSEJO**
Los circuitos de avistamiento de tortugas son nocturnos, así que hay que tener en cuenta que pueden terminar muy tarde, sobre todo si se va con niños.

Escanea este código QR para más información sobre circuitos y voluntariado en el sitio web de BIOS Cabo Verde.

### Las tortugas de Boa Vista

El nombre científico de la tortuga boba es *Caretta caretta,* y comienza su vida como un huevo que su madre entierra de noche en la arena. Una vez que rompe el cascarón, la pequeña tortuga se abre paso entre las olas para llegar a mar abierto. La mayoría suele terminar entre las garras o mandíbulas de un depredador, ya que solo una de mil consigue llegar mar adentro. Después de pasar unos 20 años dando vueltas por el Atlántico, las hembras –que ya miden un metro de largo– vuelven a la misma playa donde nacieron para depositar sus huevos. Las tortugas pueden llegar a vivir 65 años, pero no anidan en la costa todos los años.

### Circuitos de observación de tortugas

Varios operadores turísticos locales ofrecen de junio a octubre circuitos nocturnos para observar cómo las tortugas emergen del Atlántico para anidar en las playas de Boa Vista. La mejor agencia es **BIOS Cabo Verde,** ya que solo emplea a guías con la formación y certificación adecuadas; también dirige programas de conservación y voluntariado en verano. Los circuitos salen entre las 19.00 y las 20.00 y duran entre 5 y 6 h. Tras 1 h aprox. en todoterreno se llega al campo de conservación

SALVADOR AZNAR/SHUTTERSTOCK ©

donde se recibe una charla sobre lo que se va a ver y las normas que hay que seguir. Luego el guía y los voluntarios conducen a los visitantes a la zona de anidación. Como las tortugas hembra entran en una especie de trance cuando depositan sus huevos, los visitantes se pueden acercar a los nidos. No está permitida la fotografía con flash, y las luces infrarrojas que utilizan los guías no suelen bastar para una buena foto.

## Normas

Hay dos cosas que impiden que las tortugas depositen sus huevos: la luz y el ruido, de manera que ambos han de reducirse a un mínimo. Hay que asegurarse de hacer el circuito con un guía certificado, para garantizar que la visita no cause ningún daño a las tortugas. No se puede ir por libre, y la policía

**OTRAS ESPECIES DE TORTUGA**
En las aguas de Cabo Verde hay otras cuatro especies de tortuga, pero solo las tortugas bobas anidan en las playas del archipiélago.

para a cualquiera que lo intente mucho antes de llegar a la playa. Entre junio y octubre en muchas playas está prohibido entrar con *quad* o todoterreno. Es importante comprobar dónde se puede ir y dónde no para no destrozar nidos de tortuga sin querer.

## Voluntariado

Durante la época de anidación llega un ejército de voluntarios a Boa Vista para monitorizar, documentar y conservar la población de tortugas, lo que implica ponerles un chip, medir y contar huevos, trasladar nidos a ubicaciones más seguras y mantener información estadística de todos los aspectos de la época. Los voluntarios procedentes de Cabo Verde y de muchos otros países viven en cuatro o cinco campamentos cerca de las playas donde están los nidos. Cualquiera puede ser voluntario (los menores de 18 años necesitan permiso paterno) y la estancia mínima son dos semanas. Por 1500 CVE al día se recibe una formación completa, comida y alojamiento básico en campamento. Se trabaja por turnos, incluido el turno más duro e importante de la noche entre las 20.00 y las 6.00. Es una forma excepcional de ver Boa Vista y ser testigo de cerca de este maravilloso fenómeno natural, además de conocer a otros voluntarios con inquietudes afines. Más información en BIOS Cabo Verde, en Sal Rei.

## Guías certificados

Siempre hay que pedir ver los documentos que acrediten que los guías cuentan con el certificado necesario para hacer circuitos de observación de tortugas. Los guías certificados hacen un curso de formación todos los años y saben bien lo que hacen. Para asegurarse, lo mejor es contactar con BIOS Cabo Verde.

**FUERA DE LA ÉPOCA DE ANIDACIÓN**

Entre noviembre y abril, es decir, cuando no es época de anidación y muchos turistas visitan Boa Vista para disfrutar del sol en invierno, los guías locales ofrecen circuitos de avistamiento de tortugas por varias zonas de la costa.

## CIRCUITO A PIE

# Estirar las piernas en Sal Rei

Sal Rei es la capital de Boa Vista y un lugar agradable donde alojarse como alternativa a los grandes resorts. Aquí atracan los ferris a/desde Sal, y el aeropuerto está a 10 min. Esta ruta va desde los chiringuitos de la playa de Estoril hasta la capilla de Nuestra Señora de Fátima, con una visita al casco viejo.

| INICIO | FINAL | DURACIÓN |
|--------|-------|----------|
| Zona de chiringuitos | Capilla de Nuestra Señora de Fátima | 4,2 km; 2½ h |

### 1 Zona de chiringuitos

Tarde o temprano todos los turistas que se alojan en **Sal Rei** terminan en la zona de chiringuitos del extremo sur de la playa de Estoril, un lugar perfecto para un almuerzo relajado, una tarde al sol y un cóctel al atardecer.

### 2 Playa de Estoril

La franja de arena blanca y agua color azul ultramarino que queda al sur de la ciudad es la **playa principal** de Sal Rei. Allí se encuentran preciosas conchas, restos de coral y otro tipo de objetos depositados por la marea.

### 3 La captura del día

En este muelle no hay tanta gente como en el de Santa Maria, pero es donde algunos pescadores descargan su captura del día y también donde se encuentra el restaurante **Te Manche** (p. 71).

### 4 Plaza renovada

Cuando se redactó esta obra se estaba renovando la **plaza principal** de Sal Rei, larga y adoquinada. Cuando por fin terminen las obras (comenzaron antes de la pandemia del Covid-19), esta plaza será de nuevo el epicentro de la ciudad. La remodelación incluirá un par de cafeterías con terraza y palmeras que ofrecerán sombra.

### 5 Casitas de pescadores

Al noroeste de la plaza se encuentran algunas de las **casas tradicionales** más antiguas de Sal Rei, donde en el pasado (y todavía hoy en muchos casos) vivían los pescadores locales. En algunas de ellas se ven murales y obras de arte creadas con objetos depositados por el mar.

### 6 Praia Cabral

Ancha y salvaje, la playa azotada por el viento del norte de la ciudad termina en dunas y piscinas de roca volcánica habitadas por abundante vida marina. Al fondo de la playa hay muchos apartamentos de alquiler vacacional. El restaurante **Malita** (p. 71) en la playa ofrece la mejor cocina italiana de la isla.

### 7 Capilla en la distancia

Visible a lo lejos según se camina por Praia Cabral, la encalada **capilla de Nuestra Señora de Fátima** (p. 69) está al final de un camino que rodea el Marine Beach Club Resort y continúa por la roca. Su emplazamiento por encima de las olas es espectacular.

## EXPERIENCIAS

### Hacer 'snowboard' en las dunas del Deserto de Viana    DESIERTO

PLANO: ① P. 56 **F4**

Al noreste de Rabil está el **Deserto de Viana,** una franja de desierto de 5 km de largo y 1,5 km de ancho junto al aeropuerto de Boa Vista. Es bastante pequeño, pero esto no le resta belleza a sus dunas, algunas de hasta 50 m de alto en todos los tonos café, dorado y caqui que refleja la luz cambiante del sol. Un sencillo paseo entre la arena es una experiencia mágica e introspectiva que transporta al visitante lejos del mundo moderno. Muchos grupos de viajes organizados optan por una experiencia más activa: bajar por las dunas a máxima velocidad en *snowboard*. Hay gente que afirma que hay escorpiones, pero la verdad es que desaparecieron hace muchos años y no hay riesgo de caminar descalzo por esta arena sahariana.

### Fotografiar el 'Santa María'    NAUFRAGIO

PLANO: ② P. 56 **F3**

Uno de los lugares más fotografiados del archipiélago está en la costa norte de Boa Vista. Se trata del *Santa María,* un barco español que encalló en un tramo precioso de playa en agosto de 1968, cuando se dirigía a Brasil con un cargamento de regalos de lujo del dictador español Franco. La tripulación sobrevivió y la mayoría del cargamento se sacó del buque con ayuda local. El *Santa María* se ha ido desintegrando poco a poco con las sacudidas de las olas del Atlántico durante las últimas cinco décadas, pero su carcasa oxidada aún predomina en el paisaje. Aunque el encallamiento del buque fue un accidente, hasta hace poco existía la tradición en Boa Vista de atraer con luces a los barcos a la traicionera costa, para luego saquearlos. Hoy estos barcos naufragados –unos 40– ofrecen maravillosos puntos de buceo. Los lugareños todavía bajan a estos restos en busca de oro y otros tesoros, pero la mayoría se calla lo que encuentra.

### Sentirse como un náufrago en el Museo de los Naufragios    MUSEO

PLANO: ③ P. 56 **C3**

Entre las callejas descuidadas de Sal Rei, el pequeño **Museu do Naufrages** ofrece una experiencia algo surrealista. Obra de hace 20 años de un italiano residente en Sal Rei, ofrece visitas semiguiadas de 45 min aprox. El interior es una auténtica obra de amor con esculturas y arte en las paredes por todas partes, además de cientos de objetos antiguos expuestos de forma sorprendente para relatar la historia de Boa Vista. El viaje con tintes filosóficos que propone por el pasado no siempre está muy claro, pero la mayoría de los visitantes quedan fascinados con las muestras sobre descubrimienos, visitantes famosos (Darwin, Francis Drake), la música *morna,* la emigración y la historia tras la independencia. La sección actual sobre naufragios es muy pequeña. Los viernes por la noche hay música en vivo de calidad y aperitivos en el bar de la planta superior a partir de las 19.00.

## Viajar al pasado colonial portugués     MUSEO

PLANO: **4** P. 56 **C5**

Aparte de palabras en el idioma local y algunos dulces, los portugueses no dejaron mucha huella en Boa Vista, y por eso la **Casa de la Memoria,** en el Centro Cultural Sodade, justo detrás del paseo marítimo, es algo especial y diferente. Tras recoger la audioguía del bar más acogedor de Boa Vista, en la planta baja (véase p. 73), se cruza el jardín para subir unas escaleras hasta una preciosa recreación de una residencia colonial portuguesa con elegantes muebles, porcelana y demás adornos europeos. La audioguía ofrece bastante información y explora varios aspectos de la vida en Boa Vista y Cabo Verde, como la *morna* (y sus posibles orígenes en Boa Vista), la cocina local y los naufragios.

## Dejarse sorprender por la playa de Santa Mónica     PLAYA

PLANO: **5** P. 56 **E6**

En la costa sur de Boa Vista, la **playa de Santa Mónica** es a menudo considerada una de las playas más bonitas del mundo. Con una extensión de 7 km de largo y hasta 100 m de ancho, esta franja de arena virgen es accesible desde Sal Rei en tan solo 25 min en coche o taxi. A pesar de su ubicación, es difícil estar solo allí, pero no hay ningún tipo de servicio ni comida, así que hay que llevarse el pícnic. Las olas y las corrientes no son tan fuertes como en otros puntos de la costa, así que se puede nadar sin peligro. Eso sí, dado lo remoto

### 'BRUMA SECA'

La *bruma seca* es un fenómeno climático que afecta a África occidental, sobre todo en los meses de invierno. La bruma es polvo de arena del Sahara que el viento transporta atravesando el Atlántico y que cae en el Amazonas en forma de lluvia. Si la *bruma seca* en Cabo Verde solo supusiera no poder ir a la playa (la bruma tapa el sol y la luz refractada de millones de partículas en el aire crea la misma impresión que cuando nieva) sería algo molesto, pero lo malo es que cancela vuelos y provoca caos en las vacaciones de los turistas, echando por tierra cualquier plan de viajar entre islas. Los vuelos procedentes de Europa suelen ser redirigidos a otras islas, las Canarias o Dakar, en Senegal, o ni despegan de su lugar de origen. Los servicios vuelven a estar en funcionamiento cuando la visibilidad sube a 5 km o más.

del lugar, no hay ni salvavidas ni banderas, de manera que hay que tener cuidado al alejarse de la costa.

## Jugar a los naufragios en las cuevas de Varandinha CUEVA

PLANO: **6** P. 56 **E5**

En la costa oeste de Boa Vista, entre la playa de Santa Mónica en el sur y la playa de Chaves al norte, están las **cuevas marinas de Varandinha,** uno de los lugares más mágicos de la isla. La cueva más grande es un espacio con arcos de roca y arenisca erosionada por las olas del Atlántico. Se dice que en el pasado los piratas escondían allí sus botines; hoy los turistas de viajes organizados se sacan selfis con el arco de piedra a la entrada enmarcando el mar de fondo. El suelo de arena cambia constantemente y no es buena idea ir con marea alta. A los lugareños les gusta acampar allí como si fueran náufragos. A lo largo de la costa hay cuevas más pequeñas, y en la playa que hay a ambos lados no suele haber gente.

## Abrir bien los ojos en la bahía de las Tortugas OBSERVACIÓN DE TORTUGAS

PLANO: **7** P. 56 **E5**

Unos 10 km al suroeste de Rabil por caminos de tierra, está la **bahía de las Tortugas,** donde se las puede ver fuera de la época de anidación. Los guías conocen los lugares por donde las tortugas se acercan a la orilla para buscar comida entre el agua poco profunda. Se les puede ver la cabeza asomando del agua, a veces varias a la vez. Hay que estar quieto y en silencio para no asustarlas. En ningún caso se les debe dar de comer. Está prohibido bañarse en el lugar.

## Tomar un barco a Ilhéu de Sal Rei ISLA

PLANO: **8** P. 56 **E4**

A veces da la sensación de que Praia de Estoril está junto a un lago, ya que en el horizonte siempre se ve **Ilhéu de Sal Rei,** la mayor isla frente a la costa de Boa Vista. Este trozo de roca árida mide 2 km de largo y unos 700 m de ancho, y nunca ha estado habitada. En el s. xix los portugueses

---

 **BOA VISTA ULTRA TRAIL**

La carrera más difícil de Cabo Verde, la **Boa Vista Ultra Trail** (boavistaultratrail. com) se celebra en diciembre y pone a prueba a los corredores de trail más duros. Los participantes pueden elegir entre un circuito de 150 km de toda la isla, uno de 75 km y una ecomaratón que recorre algunos de los lugares más bonitos. Esta carrera es especialmente difícil porque no hay puestos de avituallamiento, lo que significa que los participantes tienen que llevar todo lo que vayan a necesitar. Solo hay agua disponible en algunos puntos.

construyeron la **fortaleza Duque de Bragança** para proteger Sal Rei de ataques piratas, y hoy los turistas visitan sus ruinas. No hay transporte oficial a la isla, hay que preguntar en Sal Rei o en la playa de Estoril, o hablar con un guía que pueda contratar un barco para ir hasta allí y luego volver. La pequeña playa de la isla frente a Boa Vista suele estar completamente vacía y tiene vistas preciosas de la ciudad al otro lado del mar.

### Sentir la sal, la arena y el mar en Curral Velho

SALINAS

PLANO: 9 P. 56 G6

Uno de los lugares más interesantes de la isla aparte de Sal Rei es **Curral Velho,** en el extremo sur de la isla, cerca del Hotel Riu Touareg. La **playa** se llena de gente del resort, pero tras las dunas y un poco por debajo del nivel del mar están las **salinas** donde en el pasado se empaquetaba el oro blanco para su transporte hacia Europa. Hoy se puede caminar por las salinas y llevarse una pizca de esta sal de alta calidad como recuerdo. Cerca está el **campamento João Barossa,** uno de los cuatro que utilizan los voluntarios durante la época de anidación de las tortugas entre junio y octubre. El resto del año está vacío y se puede organizar una barbacoa e incluso pasar la noche con o sin guía. Pasado el campamento hay un gran árbol baobab lleno de frutos grandes y peludos.

**COMER VERDE**

En el 2023 abrió un nuevo restaurante en Sal Rei que ha mejorado mucho la escena gastronómica de la ciudad. El **Bowlavista** (goodgreens-cv.com), en el paseo marítimo, ofrece una carta llena de platos muy saludables y nutritivos: cuencos con varios ingredientes, hamburguesas de garbanzos, *stroganoff* vegano, curri de pescado del día con verduras y tarta de manzana casera. El restaurante tiene su propia huerta justo a las afueras de Sal Rei, que utiliza con mucho éxito el riego hidropónico (las plantas reciben sus nutrientes a través de tubos con agua mineral en lugar de la tierra).

PLANO: 11 P. 56 C5

### Recorrer la Ruta 66 de Boa Vista

CARRETERA

PLANO: 10 P. 56 G4

El tramo de carretera más famoso de Cabo Verde es la EN3-BV-01, conocida también como **Ruta 66.** Discurre desde un desvío situado poco después de la localidad de João Galego al este de la isla, y se extiende hasta las inmediaciones del aeropuerto. Hay tramos de esta carretera adoquinada que son completamente rectos. Las vistas más espectaculares se encuentran donde la ruta recorre unos montes bajos después de su única curva

## CIRCUITOS EN BOA VISTA

Hay varias empresas y autónomos que ofrecen circuitos en la isla. Los huéspedes de los resorts con todo incluido pueden organizarlo a través de su hotel o agencia de viajes. Si se desea organizar por cuenta propia, estas son dos opciones:

**Jana Rusnáková**
Casada con un guía local, esta guía y activista eslovaca es la persona a la que acudir en Sal Rei para organizar cualquier actividad en la isla, como observación de tortugas y actividades benéficas. (facebook.com/jrusnakova)

**Boa Vista Official**
Sitio web de la agencia promotora de Boa Vista financiada por el Estado; ofrece muchos circuitos y actividades en la isla. (boavistaofficial.com)

significativa y la carretera se pierde en el horizonte creando una estampa impresionante. En este punto la gente suele hacerse una foto sentada o tumbada en el suelo con la carretera de fondo. La Ruta 66 de Boa Vista es algo más corta que su homónima estadounidense, pues tiene tan solo 15 km aproximadamente.

## Alojarse en el Spinguera Ecolodge

HOTE

PLANO: **12** P. 56 **G3**

Ubicado en el desierto extremo norte de la isla, el **Spinguera Ecolodge** (spinguera.com) es un alojamiento ecológico totalmente autosuficiente en el polo opuesto de los grandes resorts del país. Construido a partir de una aldea abandonada, este establecimiento sostenible se presenta como una alternativa al turismo de masas. Allí se han implementado todos los elementos de un negocio con cero impacto medioambiental del s. xxi: desde agua calentada por el sol en las duchas, hasta secadores de pelo de bajo consumo e ingredientes locales en el **Cá Cabra.** Las habitaciones dobles y las villas son elegantes y sencillas: algodón italiano, mimbre, colchas color beige y, en su gran mayoría, vistas al mar. Hay electricidad las 24 h y wifi para los huéspedes (algo sorprendente) y un todoterreno disponible para irse de aventura. No hay ninguna polución lumínica y el cielo por la noche es una maravilla.

## Tumbarse al sol en Praia Lacacão

PLAYA

PLANO: **13** P. 56 **F6**

Entre las playas de Santa Mónica y de Curral Velho está **Lacacão,** la playa principal del resort Riu Touareg y, por eso, con más gente que otras playas de la isla. Aun así, este tramo de arena fina, dorada y prístina nunca da la sensación de estar lleno y es un placer pasar allí un rato. Eso sí, no hay ningún tipo de sombra.

## Visitar la plaza central de Sal Rei

PLAZA

En muy poco tiempo habrán terminado las obras de una remodelación que ha durado años en esta plaza excepcionalmente grande (para Cabo Verde). El nombre oficial de la plaza es **Largo (o Praça) Santa Isabel** (PLANO: **14** P. 56 **C4**) y lo primero que llama la atención es la **iglesia de Santa Isabel** (PLANO: **15** P. 56 **C4**), un edificio curvo de la época colonial y el principal lugar de culto de la isla. En la plaza adoquinada hay tiendas, un par de bancos, algunos restaurantes, el mercado municipal y otros negocios.

## Conocer el legado de la familia Ben Oliel

CAPILLA

PLANO: **17** P. 56 **E3**

Los Ben Oliel fueron una familia judía que se instaló en Cabo Verde huyendo de la persecución en Europa. En el cementerio de la ciudad (2,5 km al norte) están sus sencillas **tumbas** de piedra, pero su mayor legado es la Capela de Nossa Senhora de Fátima (**capilla de Nuestra Señora de Fátima),** emplazada en un promontorio sobre el mar al oeste del cementerio. La construyó un miembro de la familia en honor a su esposa católica cuando esta murió. Se ha renovado recientemente y es un

destino popular entre senderistas, ciclistas y corredores.

## Sentir el viento en la playa de Ervatão

PLAYA

PLANO: **18** P. 56 **H5**

Seguramente el secreto mejor guardado de Boa Vista sea esta playa salvaje en **Ervatão,** en la parte oriental de la isla y el punto más lejano de Sal Rei. Con la arena dorada típica del archipiélago, esta playa ofrece una experiencia más íntima que otras playas de la isla. Allí se puede buscar conchas

**HOTEL RIU TOUREG**
El hotel más famoso de Boa Vista se erige en medio del desierto como si de una escena de *Star Wars* se tratara. Es una aldea resort enorme y autónoma en Praia Lacação con seis piscinas, jardines tropicales, planes de comidas con todo incluido y cantidad de servicios e instalaciones. Hay un total de 1151 habitaciones de varios tamaños, un club infantil, teatro, discoteca, *spa,* seis restaurantes y seis bares. Quienes prefieren una experiencia más refinada (y tranquila) está la opción de solo adultos, y hay también mucho entretenimiento para las familias. Es, en definitiva, una forma relajada de visitar Cabo Verde, aunque muy alejada del día a día y la cultura del archipiélago.
PLANO: **16** P. 56 **F6**

### APARTAMENTOS CON COCINA EN BOA VISTA

Para quienes no se alojen en un resort con todo incluido, un apartamento con cocina en Boa Vista plantea el mismo tipo de retos que en Sal, y seguramente haya que salir a comer más veces de las que se piensa. Sin embargo, Sal Rei tiene mejores tiendas y más baratas que Santa Maria y algunas son casi un supermercado: **Boas Compras** (p. 73), 500 m al norte de la plaza central, tiene productos de supermercados portugueses, además de productos frescos y congelados. Para la fruta y verdura, el **mercado municipal** (p. 73). en la plaza principal es mejor y más barato.

entre la arena, nadar en un agua cálida y poco profunda o tumbarse al sol y no hacer nada. Solo se llega a este paraíso en todoterreno y, aun así, no es cosa fácil.

### Explorar la Praia de Chaves PLAYA

PLANO: **19** P. 56 **E5**

Este tramo largo y ancho de arena dorada que se extiende hacia el suroeste desde la ciudad de Rabil (donde se encuentra el aeropuerto) es perfecto para aquellos que prefieran playas más salvajes, pero no quieran alejarse mucho de la 'civilización'. Para llegar hay que caminar unos 90 min, y aunque las dunas y la extensa playa son la principal atracción, no se debe pasar por alto la **chimenea** que se erige sobre la playa cerca del chiringuito Perola d'Chaves (p. 72) y que en el pasado formaba parte de una fábrica de cerámica que elaboraba tejas, tiestos y ladrillos para exportar a las otras islas. También hay unos cuantos resorts.

### Ver las estrellas en el Deserto de Viana MIRAR LAS ESTRELLAS

El hotel o un guía en Sal Rei (como Jana Rusnáková, p. 68) organizan esta experiencia inolvidable: un **viaje para ver las estrellas** al Deserto de Viana (p. 64). A las 19.00 se recoge en el hotel a los participantes para llevarlos al punto de observación en el desierto, donde se les ofrece un bufé de comida caboverdiana. Tras la cena hay una charla sobre las estrellas que se ven desde allí. La contaminación lumínica es mínima y las condiciones para ver las estrellas son casi idóneas. El grupo luego camina por el desierto junto al guía que va señalando varios aspectos del cielo nocturno. Lo único que puede estropear esta noche mágica son las nubes (muy rara vez en invierno) o la *bruma seca* (p. 65). Hay que llevarse un jersey, ya que en el desierto hace bastante frío de noche.

# Lo mejor para...

**$** Económico  **$$** Medio  **$$$** Alto

# Comer

## Cocina local

### Te Manche $$
**20** B5

Restaurante atípico con más carne que pescado en la carta, a pesar de que los pescadores traen la captura del día al muelle que hay justo al lado. Hay mesas fuera y dentro para saborear el guiso de marisco y el dulce de coco con el piar de los periquitos del dueño de fondo. *8.00-24.00*

### Cá Tina $$
**21** H4

Excelente pequeño restaurante en el remoto pueblo de Fundo das Figueiras que ofrece exquisita comida casera en un comedor sencillo decorado con adornos locales y plantas. Los grupos de viajes organizados suelen almorzar en este establecimiento. *11.00-22.00*

### Naida $$
**22** C4

Restaurante sencillo que lleva años en la plaza principal; carta escrita a mano de platos de pescado y marisco superfresco cocinados de manera sencilla. *11.00-22.00*

### Sodade $
véase **4** C4

Un oasis de estilo sencillo, elegante e íntimo ubicado dentro del Centro Cultural Sodade; desayunos y cenas con pescado local y algunos platos portugueses. *8.00-14.00 y 17.00-23.30, do solo cena*

### Caffè del Porto $$
**23** C5

Esta cafetería del centro de Sal Rei ya no es lo que era, pero continúa sirviendo almuerzos y cenas de pescado y *pizza* bastante caros a los turistas. Su emplazamiento resulta idóneo, pero el servicio deja bastante que desear. *8.00-24.00*

Localizaciones en el plano de la **p. 56**

## Cocina italiana

### Ca Baby $$
**24** C5

Restaurante italiano en una callecita que sirve *pizza*, pasta y pescado y marisco. Abre los domingos por la noche. *11.00-23.30 ma-do*

### Malita $$
**25** E4

Merece la pena el paseo hasta este lugar, el extremo más alejado de la Praia Cabral. Ofrece excelente comida italiana servida por los dueños. *9.00-23.00*

## Chiringuitos y restaurantes

### Morabeza $$
**26** E4

Para llegar a este lugar hay que caminar (1,6 km aprox.) por la playa (o tomar un taxi en Sal Rei), pero Morabeza es legendario por sus fiestas, barbacoas, ambiente y cócteles. Hay noches de música temáticas y los atardeceres son una maravilla. *9.00-24.00*

## Tortuga  **E4**

Chiringuito y restaurante con platos sencillos y pescado y marisco, tumbonas y una pequeña tienda de ropa de playa. *9.00-18.30 ma-do*

## Perola d'Chaves  **E4**

En el extremo norte de Praia de Chaves, el mejor chiringuito de Boa Vista tiene increíbles vistas al mar, una buena carta de marisco, pescado y platos ligeros, y una barbacoa romántica casi todas las noches. *10.00-18.00 lu, mi y do, hasta las 23.00 ma y ju-sa*

## Toca da Garoupa
véase **27 E4**

Bar en una cabaña de madera muy entrañable en la playa de Estoril que sirve tortillas, cachupa, pescado y hamburguesas. Las tumbonas cuestan 1000 CVE al día, no hay wifi y el servicio es algo lento. *9.00-19.30*

## Alísios
véase **27 E4**

Está al final del tramo de chiringuitos de la playa de Estoril; tiene buen ambiente y una carta de marisco, pescado y guisos, además de cócteles para disfrutar en las tumbonas. *10.00-17.00*

## Desayunos y almuerzos ligeros

## Alma Criola
**29 C2**

Cerca de Praia Cabral, restaurante de barrio moderno con platos copiosos y saludables (guisos de cabra, opciones vegetarianas, pescado y marisco); precios locales y un servicio agradable. *8.00-22.00 mi-lu*

## ETC Cafe-Shop
**30 C1**

Un regalo del cielo para quienes se alojan en un apartamento con cocina en Praia Cabral; cafetería y tienda moderna con platos saludables y deliciosos, desayunos copiosos y una buena selección de productos de alimentación y domésticos. *8.00-14.00 y 17.00-19.00 lu-sa*

## Elcibar
**31 E4**

Bar cafetería de dueños belgas en la piscina del bloque de apartamentos Vila Cabral, muy práctico para quienes se alojen allí o vengan de la playa; almuerzos ligeros y bebidas. *10.00-20.00 ma-do*

## Helados y dulces

## Cremositos
**32 C5**

Cafetería popular en el paseo marítimo cerca del Bowlavista. Ofrece helados, café, dulces y sándwiches. *7.00-24.00*

## Il Golosello
**33 D4**

Heladería en una calleja con copiosas porciones de helado local. *Horario variable*

## Internacional

## Bowlavista
véase **11 C5**

Recién abierto en el paseo marítimo, sirve platos saludables y nutritivos, la mayoría con ingredientes cultivados allí mismo. Popular y moderno, con música en vivo y uno de los restaurantes más de moda de Sal Rei. *8.00-22.00*

## Ca Dju
**34 B4**

Sencillo y abierto solo por la noche; tapas y platos para compartir elaborados por (según algunos locales) el mejor chef de la isla. Carta de cocina internacional con excelentes platos de marisco caboverdianos. *6.00-23.00 mi-lu*

### Casa Rosa €€€
**35** B4

La bandera arcoíris ondea con orgullo en el tejado de este primer (y único) restaurante de dueños gais, una pareja alemana; carta con mucho marisco y carne, una terraza fresca y agradable y buen servicio. *12.00-23.00*

# Beber

### Bares
### Sodade
véase **4** **C4**

El bar más acogedor de Cabo Verde está en el Centro Cultural Sodade; estantes llenos de botellas tras un mostrador de madera. Un pequeño oasis de la época colonial. *8.00-14.00 y 17.00-23.30*

### Zona Libertade
**36** A4

Pequeño bar en la avenida dos Pescadores, en la zona de casitas de pescadores que queda al oeste del centro de Sal Rei; cerveza, refrescos y aperitivos a buen precio. *Horario variable*

### Queens Pub
**37** C3

*Pub* discoteca en una calle pequeña con una clientela mixta de locales y turistas. *A partir de las 22.00 mi-do*

# Comprar

### Arte, artesanía y recuerdos
### Art do Mar
**38** B4

Pequeña tienda en Rua da Cruz que no hay que perderse. El artista Eurico Andrade Estrela elabora joyas y otros objetos decorativos a partir de desechos, sobre todo conchas y madera de deriva. Si se le lleva una concha, él la convierte en un collar. *9.30-12.30 lu-sa y 15.00-18.00 lu-vi*

### Cabo Verde Gifts
**39** C4

Gran tienda en la plaza principal, perfecta si lo único que se busca es un imán de nevera de recuerdo, una botellita de *grogue* (licor de caña de azúcar) o una pulsera senegalesa 'relax'. *9.00-18.00 lu-sa*

### Comida
### Mercado municipal
**40** C5

En la plaza principal, el mercado municipal de Sal Rei suele estar lleno y animado, pero es un buen lugar para comprar productos caboverdianos, sobre todo de Santiago y Santo Antão. *8.00-18.00 lu-sa*

### Boas Compras
**41** D3

Lo más cercano a un supermercado que hay en Boa Vista, con una buena selección de artículos, entre ellos productos frescos e importaciones de Portugal. *8.00-12.30 lu-sa y 15.00-19.00 lu-vi*

### Bowlavista
**11** C5

El mejor restaurante de Sal Rei también vende conservas, compotas, encurtidos, salsas, productos frescos, sal de Curral Velho, jabón y vino. *8.00-22.00*

Sugerencias de lugares para comer, beber y comprar en **p. 90**

# Explora
# Santiago

Santiago es, con diferencia, la isla con más vida y más africana de Cabo Verde, donde vive más de la mitad de la población del país. Su vibrante capital, Praia, con unos 200 000 hab., está en la costa sur. El centro de Praia es de la época colonial y en la ciudad hay dos buenas playas, pero la mayoría de los viajeros corren hacia el norte, donde están las mejores rutas de senderismo del archipiélago. Tarrafal, en el extremo norte, es una ciudad de resorts con una playa maravillosa, pero también con un oscuro pasado como emplazamiento de un campo de concentración portugués. Al oeste de Praia está Cidade Velha, una antigua ciudad de comercio de esclavos y el primer asentamiento de Cabo Verde, hoy en la lista de la Unesco.

## Cómo desplazarse

 **Taxi**

A la llegada de los vuelos hay taxis esperando en el aeropuerto. Como las carreteras están en buen estado, el taxi es una buena opción para explorar la isla (1000 CVE/h aprox.).

 **'Aluguer'**

Los taxis con ruta fija operan desde el amanecer hasta la noche. Salen desde la ubicación actual del mercado Sucupira hacia todo el norte y Cidade Velha.

 **A pie**

Platô solo se puede ver a pie, ya que gran parte del barrio es peatonal y no hay autobuses.

**Playa de Tarrafal (p. 86).**
CURIOSO.PHOTOGRAPHY/SHUTTERSTOCK ©

---

★

**LO MEJOR**

Relajarse en **TARRAFAL** (p. 86), con su playa y bonita plaza central.

Las ruinas de **CIDADE VELHA** (p. 78), un lugar clave en el comercio portugués de esclavos.

Senderismo por las **RUTAS SEÑALIZADAS** (p. 88) y bien diseñadas que atraviesan las montañas de Santiago.

Un paseo por **PLATÔ** (p. 82), el lugar de nacimiento de la capital.

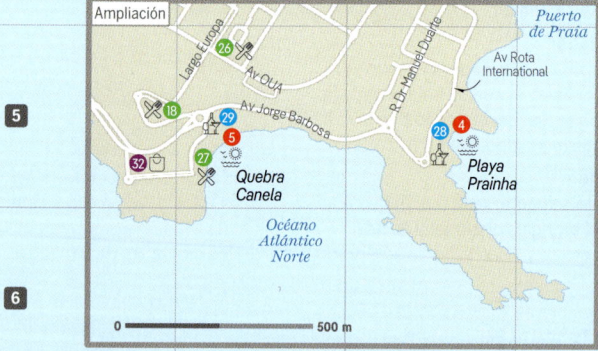

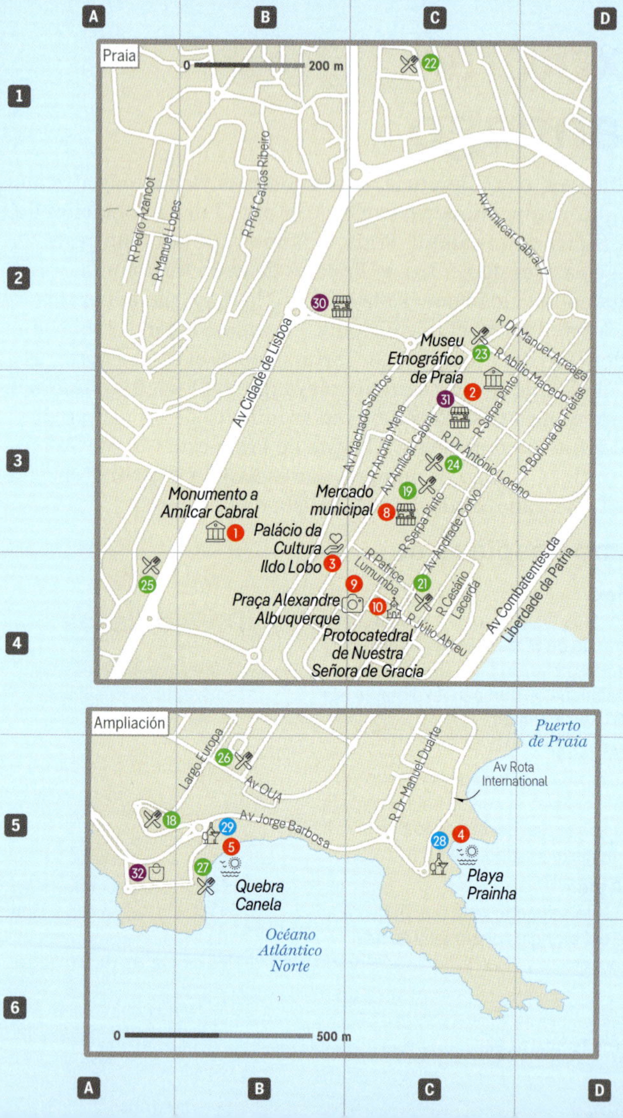

Praia

0 ————— 200 m

22

R Pedro Xaimóot
R Manuel Lopes
R Prof Carlos Ribeiro

Av Amílcar Cabral V

30

Museu
Etnográfico
de Praia 23

2

R Dr Manuel Arreaga
R Abílio Macedo
R Serpa Pinto
R Bjrjna de Fljétas

31

R Machado Santos
R Andrhlo Mena
Av Amílcar Cabral
R Dr António Lorono
24

19

Monumento a
Amílcar Cabral

8

Mercado
municipal

1 Palácio da
Cultura
Ildo Lobo 3

R Serpa Pinto
R Andrade Corvo

25

9

21

R Patrice
Lumumba
R Cesário
Lacerda
R Júlio Abreu
Av Combatentes da
Liberdade da Patria

Praça Alexandre
Albuquerque 10

Protocatedral
de Nuestra
Señora de Gracia

Ampliación

Puerto
de Praia

Largo Europa

26

Av OU4

R Dr Manuel Duarte

Av Rota
International

Av Jorge Barbosa

18

29

28 4

5

32

27

Playa
Prainha

Quebra
Canela

Océano
Atlántico
Norte

0 ————— 500 m

E   F   G   H

N   0 — 10 km

**Más información**

Imprescindible ★ p. 78
Experiencias ✸ p. 84
Comer ✖ p. 90
Beber 🍺 p. 91
Comprar 🔒 p. 91

1

2

3

4

5

6

Monte
Graciosa
🏖 Playa de Tarrafal
ía de
rrafal
❻
⓴ Tarrafal
Ponta
Furna

Chão Bom
ilverbeach
❼ 🏛 *Campo de
concentración
de Chao Bom*
Achada
Biscainho

*Strela Mountain
Lodge*
Monte
Baixo
▲

❶❸ 🏛
❶❷
*Parque
Natural Serra
da Malagueta*
▲ Malagueta

Pilão
Cão
Principal
Veneza
▲ Monte
Bode

*Barragem
Ribeira
Principal*

Ponta
Verde
Monte
amareiro
▲
eira da
Barca

Monte
Jagau
▲
Figueira
das Naus

❶❼ *Calheta
de São Miguel*

*Barragem
de Saquinho*

*Barragem de
Flamengo*
Monte
Catarina
▲
Santiago

Cancelo
● Pedra
Badejo
Santa
Cruz

Monte
Brianda
▲
Chão de
Tanque 🏛
◉ Assomada
❶❻

*Barragem
de Faveta*

Achada
Fazenda
Achada
Ponta

*Assomada*
Mato Xexe ◉
◉ **Pícos**
Gato
Bravo
▲
São Jorge
dos Orgãos
◉
João
Teves
◉

*Barragem
de Pollão*

Praia-Calheta-
Tarrafal
Castelinho
▲
Achada
Baleia

Porto
Rincão ◉
Pico
d'Antónia
▲
*Eco Camp
Lemba Lemba*
⌂❶❺
❶❹
*Rui Vaz*

Monte
Chaminé
▲

Monte
Gamboa
▲
São
Domingos ◉
Minho
Branco ◉
Nora ◉
Moia
Moia ◉

*Parque Natural do
Santo António*
Santa Ana ◉
Ponta
d'Achada ◉
Ribeirão
Chiqueiro ◉

Monte das Vacas ◉
*Estadio
nacional* 📷
❶❶
Ponta de São
Francisco ◉

Porto
Mosquito ◉
São João
Ba(p)tista ◉
Porto
Gouveia ◉
São Martinho
Pequeno ◉
São Martinho
Grande ◉

São Filipe
do Melo ◉
São Filipe
de Baixo ◉
Praia
São Tomé ◉

*Aeroporto
internacional
Nelson Mandela* ✈

Véase "Praia"

❶❾
*Cidade
Velha*
Cidadela ◉
Achada Santo António

**Praia** 🏛
Achada Grande Frente ◉
Praia da Gambôa
Ilhéu
Santa Maria

Véase ampliación

E   F   G   H

77

★ **IMPRESCINDIBLE**

# Cidade Velha

También conocida como **Ribeira Grande** de Santiago, es el único lugar de Cabo Verde en la lista de la Unesco. Se encuentra al oeste de Praia y fue donde se asentaron los primeros caboverdianos. Debido a su emplazamiento estratégico en el Atlántico, se convirtió en uno de los primeros asentamientos coloniales portugueses y el principal lugar de paso del tráfico de esclavos africanos.

PLANO: P. 76 **G6**

**CONSEJO**
Es mejor visitar Cidade Velha con un guía experto que haga que las ruinas cobren vida.

Escanea este código QR para más información sobre Cidade Velha en la web de la Unesco.

### Ruinas de la catedral

La mayoría de los turistas comienza su visita a Cidade Velha en las ruinas de la **catedral** (foto), en el centro de la localidad. Fue la primera catedral de África occidental y su construcción comenzó en 1556 a las órdenes de Francisco da Cruz, el tercer obispo de Cabo Verde. No se terminaron las obras hasta 1700, cuando los piratas franceses la destrozaron por completo. Hoy se puede pasear libremente por las ruinas de lo que en el pasado fue un gran templo. Se rumorea que hay planes para reconstruirla, pero no está claro si se llegará a hacer.

### Viejas calles de Ribeira Grande

Desde la catedral hay un paseo corto a la pequeña **plaza** (Largo do Pelourinho) de Ribeira Grande. En medio de la plaza se erige un *pelourinho* (picota) con un globo y la cruz que las carabelas portuguesas lucían en sus velas. Era allí donde se vendía a los esclavos y todavía hoy se ve la cuadrícula sobre la que los situaban, 12 personas en cada sección. Al borde de la plaza hay tiendas de recuerdos y un par de cafeterías, y a dos pasos hay una playa de arena negra con unos cuantos chiringuitos y coloridas

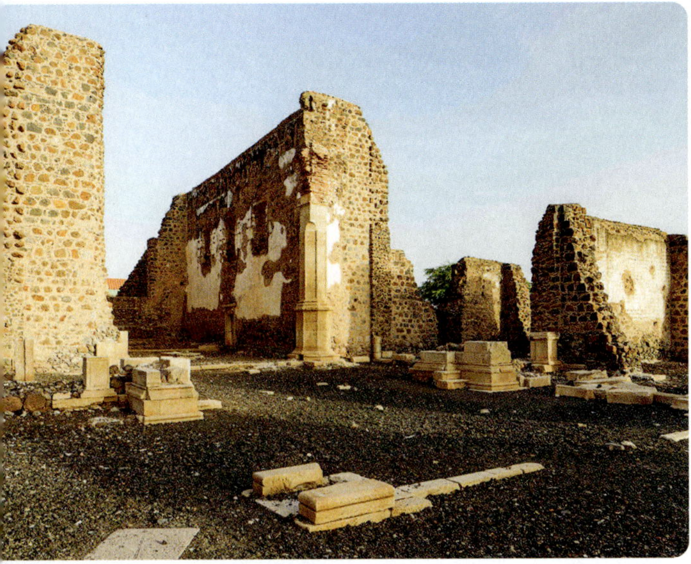

MARTIN ZWICK/REDA&CO/UNIVERSAL IMAGES GROUP/GETTY IMAGES ©

barcas de pesca atracadas en la orilla. Para algunos, lo más interesante de la localidad es la calle adoquinada que va desde la plaza a la iglesia de Nossa Senhora do Rosário, **Rua da Banana.** Sus casitas originales encaladas de piedra volcánica y tejado de hojas de plátano están todas habitadas, y un par tienen uso como alquiler turístico, sin duda un lugar interesante donde alojarse si se consigue habitación.

## Nossa Senhora do Rosário

La **iglesia** del pueblo data de 1495 y es el edificio más antiguo de Cabo Verde. Su aspecto, con la fachada encalada, es el de la iglesia colonial portuguesa típica que se encuentra por toda Macaronesia, con los azulejos y la madera oscura originales aún en su interior. Hay algunas marcas que indican

**UNA PAUSA**
El restaurante **Old City** (p. 90) frente al mar es el mejor de la ciudad, con una amplia carta de platos de cocina internacional y local.

los momentos más oscuros de la localidad (ataques piratas e inundaciones, sobre todo). Frente a la iglesia hay una pequeña casa (con una placa en la fachada) que en el pasado fue el hogar de la primera esclava libre de Cabo Verde.

## Convento y excavación arqueológica

A unos 250 m cuesta arriba por el cauce de un río se llega a los restos de la **iglesia de la Concepción** (Igreja de Nossa Senhora da Conceição), que fue excavada por un equipo de la Universidad de Cambridge en el 2015 después de que un agricultor local diera con unas piedras extrañas cuando plantaba sus cultivos. Cerca se encontraron los restos de 1000 niños y no se sabe qué les pasó. Se piensa que hay varios lugares similares en Ribeira Grande, enterrados bajo el sedimento de siglos de inundaciones anuales. Sobre las ruinas se erige el **convento franciscano** (Convento de São Francisco), renovado en el 2006 y donde hoy se celebran bodas y conciertos. Se puede apreciar lo frondoso del cañón donde se encuentra Ribeira Grande. Gracias a un sistema de riego la zona se mantiene verde incluso en los meses más secos, a diferencia del resto de la isla.

## Fortaleza de São Filipe

Desde la catedral se sube por un camino en zigzag hasta la **fortaleza** (foto) construida en 1593 al borde del acantilado. Una película de 15 min en inglés y portugués ofrece un resumen de la historia de la fortaleza y de Cidade Velha, pero son las vistas de la población y del mar al fondo lo que merece la pena.

**FIESTA DE TODOS LOS SANTOS**

El mejor momento para visitar Cidade Velha es el último fin de semana de enero, cuando se celebra la **Fiesta de Todos los Santos:** dos días con abundante bebida y noches largas el viernes y el sábado, y una procesión para toda la familia el domingo desde la catedral hasta la iglesia; todo el mundo luciendo sus mejores prendas.

EXPLORA

SANTIAGO

# Platô a fondo

Lo más interesante de Praia es, con diferencia, Platô, el promontorio plano que domina el mar y que los portugueses eligieron como refugio cuando fueron obligados a huir de Cidade Velha por la costa. Es una zona agradable y parcialmente peatonal, con tiendas, restaurantes y pequeños museos.

| INICIO | FINAL | DURACIÓN |
|--------|-------|----------|
| Mercado de Sucupira | Playa de Prainha | 2,7 km; 3 h |

# ❶ Mercado de Sucupira

Se comienza en el **mercado** principal de Praia, el lugar perfecto para comprar ropa de segunda mano e imitaciones chinas de cualquier cosa. Está planeado trasladar este animado bazar a un emplazamiento mejor, pero puede que todavía tarde en hacerse.

# ❷ Museu Etnográfico

Se llega a este modesto museo subiendo cualquiera de las escaleras que llevan a Platô. Es lo más cercano que hay en Praia a un **museo nacional,** y muchos de los objetos tradicionales que se exponen aquí se siguen utilizando en la actualidad.

# ❸ Avenida 5 de Julho

La principal calle peatonal de Praia que recorre Platô es la **avenida 5 de julio,** que recibe su nombre del día en que se consiguió la independencia plena en 1975. Siempre está llena de gente, desde por la mañana hasta la noche, con lugareños que hacen recados o trámites administrativos. Hay algunas tiendas que no se encuentran en ninguna otra isla, además de varios sitios para comer.

# ❹ Praça Alexandre Albuquerque

La **plaza principal** de Praia es frondosa y agradable, con una cafetería donde tomarse un café o el almuerzo, unos aseos públicos (los únicos que se encontrarán en Cabo Verde), y wifi gratis.

# ❺ Palacio presidencial

Muy cerca de la Praça Alexandre Albuquerque está el **Palácio Presidencial,** un edificio de la época colonial y hoy lugar de trabajo del actual jefe de estado José Maria Neves (vive en una residencia privada no muy lejos de allí). El jardín tropical es el más ostentoso de Cabo Verde, pero los guardias armados en la puerta no dejan acercarse a verlo.

# ❻ Bandera gigante

Desde el palacio y bajando por la avenida Amílcar Cabral hasta la rotonda, se encuentra un lugar en el paseo marítimo cercano desde el que hacer la típica foto de Praia con Platô erigiéndose por encima y en lo alto una **bandera de Cabo Verde enorme.**

# ❼ Playita

Caminando a lo largo de la calle principal se llega a la playa de más fácil acceso de la ciudad, **Prainha** (playita). Para terminar el circuito, qué mejor que descansar tomando un café en el chiringuito Linha D'Agua, tumbarse en la arena dorada o refrescarse en el Atlántico.

## EXPERIENCIAS

### Visitar el monumento a Amílcar Cabral   MONUMENTO CONMEMORATIVO

PLANO: **1** P. 76 **B3**

Entre Platô y la calle que atraviesa el centro de la ciudad (av. Cidade de Lisboa) hay una rotonda de cemento construida en el s. xx con un monumento al héroe nacional de Cabo Verde Amílcar Cabral. Aunque Cabral nació en Guinea-Bisáu, sus padres eran de Santiago. La exposición (en portugués) repasa su vida desde sus años estudiantiles como marxista con gafas hasta su asesinato en Conakry (Guinea) en 1973.

### Recorrer el Museo Etnográfico de Platô   MUSEO

PLANO: **2** P. 76 **C3**

En el corazón de Platô se encuentra el mejor museo de Praia, con objetos tradicionales de Cabo Verde, algunos ya obsoletos, pero otros se siguen utilizando en la actualidad. La muestra sobre hierbas medicinales es muy popular,

como también lo son las de cerámica y tejidos. Una artesanía local que se aprecia en el museo es la de la fabricación de juguetes con latas viejas, algunos preciosos y con mucho detalle. La visita a este pequeño museo no dura más de 20 min, pero si se está por la zona, merece la pena.

### Visitar el Palácio da Cultura Ildo Lobo   CENTRO CULTURAL

PLANO: **3** P. 76 **B3**

Esta es una visita obligada si se está en Platô que muchos turistas extranjeros pasan por alto. La entrada es gratuita y ofrece numerosas muestras de la cultura caboverdiana. El nombre del centro es en honor a Ildo Lobo, un cantante famoso de Cabo Verde nacido en Pedra de Lume, en Sal. Dentro hay una librería, tiendas con artículos etnográficos y de artesanía local y una exposición con objetos rescatados de naufragios y azulejos de Cidade Velha. La planta alta alber-

---

### 📖 ¿ES PRAIA SEGURA?

Sí, lo es, siempre y cuando se utilice el sentido común. Lo mejor es limitar la visita a Platô, el centro de la ciudad y la zona costera en dirección a Prainha, donde no se incordia tanto a los turistas como en las calles de Santa Maria y Sal. Cuando algún turista tiene alguna experiencia desagradable a menudo es porque se ha ido a los suburbios, borracho o con objetos caros a la vista, y se ha encontrado en un mal lugar en un mal momento. Pasear por las calles de Platô, donde está el palacio presidencial, los edificios gubernamentales, los barracones del ejército, una enorme comisaría y cámaras de vigilancia, es probablemente lo más seguro de todo Cabo Verde.

## ⚠ AMÍLCAR CABRAL

Toda población en Cabo Verde tiene una calle Amílcar Cabral. El hombre que ha dado nombre a todas estas calles nació en Guinea-Bisáu. De padres de Santiago (su madre era de Assomada), Cabral es un héroe nacional y todavía es celebrado por haber casi conseguido conducir a Cabo Verde a la independencia. El "casi" es porque este político, activista e intelectual marxista fue asesinado en Guinea en 1973, un año antes de la Revolución de los Claveles en Portugal, tras la que finalmente Cabo Verde obtuvo su independencia de Lisboa en 1975. Todavía es un misterio quién apretó el gatillo, pero se piensa que estaban detrás políticos rivales de Guinea-Bisáu.

ga exposiciones temporales de arte local y hay una terraza *(miradouro)* con vistas espectaculares de las puntiagudas cimas que se erigen detrás de los grises suburbios de Praia. Es un lugar fascinante para explorar y siempre da la sensación de que se está solo.

### Tumbarse al sol en la playa Prainha
PLANO: **4** P. 76 **C5**      PLAYA

A 10 min a pie del sur de Platô está la **playa Prainha** (playa Playita), la más cercana a la ciudad y el lugar perfecto para escapar del ruido y el ajetreo de Praia. Este pequeño tramo de arena dorada solo tiene 70 m de largo, pero es bastante ancho y no suele estar muy lleno. Quienes busquen más espacio pueden continuar 700 m hacia el oeste hasta la playa más grande de Quebra Canela.

Antes de llegar a Prainha, según se ve la señal azul en la Rua Dr. Manuel Duarte que indica el camino a la playa, hay que parar un momento para ver la modesta casa amarilla que hay al otro lado de la calle, donde vive el actual presidente del país, José María Neves. Al parecer, camina hasta Platô todos los días.

### Disfrutar de días de playa en Quebra Canela
PLANO: **5** P. 76 **B5**      PLAYA

La mejor playa de la costa sur es Quebra Canela (o Kebra Kanela), unos 2,5 km en coche o autobús al oeste de Platô, un tramo de 300 m de largo de arena sahariana con acantilados bajos de fondo y roca volcánica a ambos lados. Es el lugar perfecto para echarse protector solar y tumbarse al sol. Hay varios bares y restaurantes en la playa y cerca para comer. Al oeste de Quebra Canela está Praia Shopping, que brinda la oportunidad (rara en Cabo Verde) de ver escaparates.

85

**CIRCUITOS DE SANTIAGO**
Santiago es la isla del archipiélago donde viene bien ir con guía, sobre todo para no terminar en uno de esos lugares de los que es mejor mantenerse alejado. Estas son dos buenas opciones:

**Tyrone Alves**
Un joven local, Tyrone, habla muy bien inglés y conoce a fondo la isla; hace circuitos por zonas menos turísticas además de cubrir los principales puntos de interés. (WhatsApp +238 590 7670)

**Bu Country Tours**
Turoperador grande de Praia que organiza cualquier tipo de actividad en la isla. El sitio web es profesional pero la comunicación con ellos puede ser algo lenta. (www.bucountrytours.com)

## Visitar Tarrafal
PUEBLO

PLANO: **6** P. 76 **E2**

Para muchos, lo mejor de Santiago es la localidad junto al mar de **Tarrafal,** en la punta norte de la isla. Mientras que la mayoría de las playas de Santiago son de arena negra volcánica, la playa en curva de Tarrafal es de arena fina y clara y con palmeras de fondo, lo que atrae a turistas locales y extranjeros. Tarrafal es tan agradable que, hasta la independencia del país en 1975, solo los pesos pesados del régimen colonial portugués tenían permitido pasar allí sus vacaciones. Detrás de la playa hay bares y restaurantes, y se ve llegar a los pescadores con la captura del día a la playa. También se puede bucear y hacer esnórquel.

La playa no es lo único que atrae a la gente; Tarrafal tiene una plaza bonita y animada con un parque, un mercado e incluso un quiosco de información turística operativo. Los restaurantes del lugar son tan buenos o mejores que en Praia.

## Conocer el pasado oscuro de Portugal en Chão Bom CAMPO DE CONCENTRACIÓN

PLANO: **7** P. 76 **E2**

No se suele asociar las islas de Macaronesia a regímenes totalitarios y terrorismo de Estado, pero no hay que olvidar que Madeira, las Azores y Cabo Verde estuvieron hasta 1974 bajo la dictadura portuguesa de Salazar. Uno de los recordatorios más inquietantes de este pasado en todo el Atlántico es el **campo de concentración de Chão Bom,** a las afueras de Tarrafal. De 1936 a 1954 se utilizó este rincón remoto de las colonias portuguesas para encarcelar a antifascistas de Portugal. En 1961 se volvió a utilizar para encerrar a activistas, intelectuales y combatientes por la independencia de Angola, Guinea-Bisáu y Cabo Verde. En 1974 tras la Revolución de los Claveles en Portugal se cerró, pero la gran mayoría de los barracones, lavanderías, 'enfermerías' y almacenes han sobrevivido y hoy contienen conmovedoras muestras de las condiciones que soportaron los prisioneros. El peor castigo era ser encerrado en la *frigideira* (sartén), una celda de aislamiento a pleno sol. No sorprende que Chão Bom se ganara el apodo de "campo de muerte lenta".

## Disfrutar los sabores del mercado municipal  MERCADO DE ALIMENTACIÓN

PLANO: **8** P. 76 **C3**

No hay que confundirlo con el gran bazar de Sucupira, pues el **mercado municipal** de Platô es, con diferencia, el más interesante y agradable de los mercados de Praia. Con puestos llenos de fruta y verdura cultivadas en la isla, hierbas para la medicina tradicional, carne de ganaderos locales y pescado superfresco, este es uno de los lugares más interesantes de la capital. También se encuentran recuerdos auténticos y muy baratos. Bajo el techo del viejo mercado, hoy integrado en una estructura de chapa moderna, hay mesas llenas

de comida que cocinan mujeres para sí mismas, para los demás trabajadores y para cualquiera que quiera disfrutar de un plato de comida casera por 200 CVE.

## De relax en Praça Alexandre Albuquerque  PLAZA

La calle principal y peatonal av. 5 de Julho llega a su fin al sur de Platô en la **Praça Alexandre Albuquerque** (PLANO: **9** P. 76 **C4**), nombrada en honor a un antiguo gobernador colonial portugués de finales del s. XIX. Una estatua suya de bronce se erige en la parte este de la plaza, mientras que en el centro hay una fuente. Es un lugar muy agradable para pasar el rato, descansar sentado en un banco o tomando un refresco en la cafetería (Esplanada Morabeza). Al sur de la plaza está la **protocatedral de Nuestra Señora de Gracia** (PLANO: **10** P. 76 **C4**), un edificio neoclásico de 1902. El interior es modesto y está fresco, por lo que es un buen lugar para resguardarse del calor del exterior.

---

 **FESTIVAL DE MÚSICA DE GAMBOA**

El Festival del Gamboa, solo por detrás del Festival Baía das Gatas (p. 129) de São Vicente (el mayor festival musical anual de Cabo Verde), se celebra en mayo en una parte algo descuidada de la playa bajo el palacio presidencial, con músicos locales y algunos internacionales en el escenario principal día y noche.

### Asistir a un partido en el estadio nacional   ESTADIO DE FÚTBOL

PLANO: **11** P. 76 **G5**

Los caboverdianos son unos locos del fútbol. Cuando a principios del 2024 los Tubarões Azuis (tiburones azules) llegaron a la fase final de la Copa Africana de Naciones en Costa de Marfil, todo el país se unió para apoyar a su equipo. Los partidos en casa suelen ser contra equipos africanos y se juegan en el **estadio nacional,** que está a las afueras de Praia por la carretera hacia el norte. Las entradas son baratas y el ambiente fantástico.

### Practicar senderismo en el Parque Natural Serra da Malagueta   PARQUE NATURAL

Este modesto **parque** (PLANO: **12** P. 76 **F3**) del norte de la isla cubre una escarpada serranía, una de las últimas cubiertas de selva virgen que quedan. La cima más alta es, con 1064 m, el **monte Malagueta,** aunque hay varias que casi llegan a los 1000 m. Hay senderos marcados (todos comienzan por STC)

desde el camino principal STP, y es fácil acceder a estas cimas remotas. Con suerte, se puede incluso ver algún ejemplar de las especies en peligro de extinción para cuya protección se diseñó este parque. El **Strela Mountain Lodge** (PLANO: **13** P. 76 **F3**; mountain-lodge.strela-travel. com), en la calle principal justo al norte, es la base perfecta desde la que acceder a varias rutas por la zona.

### Tomar Ruiz Vaz como base   ALDEA

PLANO: **14** P. 76 **G5**

A ambos lados de la ruta principal STP de norte a sur se encuentra esta aldea de montaña, la base perfecta para hacer excursiones a las montañas de los alrededores. El viaje en coche desde la ciudad cercana de São Domingos es espectacular, por una carretera de campo con curvas que sube las montañas para brindar desde lo más alto unas vistas panorámicas increíbles. La **Quinta da Montanha** es un albergue de montaña con habitaciones con vistas y un

---

 **SENDERISMO EN SANTIAGO**

Es habitual que los interesados en el senderismo en Cabo Verde vayan a la isla de Santo Antão, pero la verdad es que Santiago es para algunos un destino algo mejor, especialmente en lo que a organización e infraestructura se refiere. La red de senderos está claramente señalizada en el mapa y sobre el terreno, con rutas que conducen a lugares de una belleza natural inigualable y a las bonitas aldeas de montaña. El camino vertebral STP1/2/3/4 va desde Cidade Velha hasta Tarrafal pasando por el Parque Nacional de Serra Malgueta, con otros senderos que salen de este. Las mejores bases son Rui Vaz, Assomada y Serra Malagueta.

restaurante excelente. Desde la aldea salen senderos marcados en cuatro direcciones.

## Subir a Assomada, capital de las tierras altas CIUDAD

PLANO: 16 P. 76 **F4**

La segunda ciudad de Santiago, con 15 000 hab., es esta ciudad animada y algo destartalada, la capital de las montañas centrales. Es el mejor centro de servicio para senderistas, pero su mayor atractivo es el **mercado** (mi y sa), cuando todos los vendedores ambulantes llegan a la ciudad y organizan una fiesta de ropa de segunda mano, herramientas de los años 90, aparatos eléctricos obsoletos y artesanía local. A 10 min de Assomada en coche, en Chã de Tanque, está el **Museu da Tabanca,** especializado en un estilo musical de Santiago no muy conocido, una mezcla de música africana y europea.

## Hacer una parada en la Calheta de São Miguel PUEBLO

PLANO: 17 P. 76 **G3**

Mientras que la costa este de Santiago está muy poblada, en la árida costa oeste no vive casi nadie. Hay varios pueblos y ciudades a lo largo de la carretera de la costa este, pero la mejor parada es, sin

**CAMPAMENTO RECICLADO LEMBA LEMBA**

A poca distancia por el sendero STP al norte de Rui Vaz está el campamento ecológico Lemba Lemba (PLANO: 15 P. 76 **F5**), el lugar más insólito donde alojarse en todo Cabo Verde. Construido en su totalidad de materiales reciclados, se puede pasar un noche en una tienda de campaña, en zonas cubiertas por una lona o en salas improvisadas por tan solo 300 CVE, con la comida incluida. El suelo está cubierto de conchas, y los escalones están hechos de ruedas viejas, y por todas partes hay restos de objetos del s. xx. Los dueños ofrecen clases de baile, trayectos en burro, música en vivo y eventos culturales todo el año.

duda, **Calheta de São Miguel,** un pequeño pueblo de pescadores con tres playitas al sur, una de las cuales es de arena. Es un buen lugar para darse un baño después de un día de visita a la isla.

# Lo mejor para...

$ Económico  $$ Medio  $$$ Alto

## Comer

### Cocina local

**Old City** $$

véase **Cidade Velha G6**

En el paseo marítimo de Ribeira Grande; ofrece una carta muy completa con pescado, carne, pasta y una excelente selección de vino. *12.00-23.00*

**Mercado municipal** $

véase **8 C3**

En el antiguo edificio del mercado, que se ha integrado en una enorme estructura de chapa; comida casera y auténtica (cachupa, sopa, tortilla) por 200 CVE. *8.00-18.00 lu-sa*

**Batuku Espaço** $$

véase **Cidade Velha G6**

Restaurante al aire libre en la bonita Rua da Banana de Cidade Velha que es a menudo nombrado el mejor de la isla; pescado y marisco local y muchas opciones saludables, además de conciertos de música en vivo. *12.00-22.00 ma-do*

**Nice Kriola** $$

**18 A5**

Restaurante local (cerca de Quebra Canela) donde la comida viene acompañada de música en vivo. Las vistas del mar son espectaculares y la presentación de la comida, excelente. *7.30-23.30 lu-ju, hasta la 1.30 vi, 9.30-1.30 sa, 9.30-23.30 do*

**Kaza Katxupa** $

**19 C3**

Como indica su nombre, la especialidad de este lugar sencillo en la calle peatonal que atraviesa Platô es la cachupa (*katxupa* en criollo), el plato nacional de Cabo Verde; hay varios tipos en la carta, además de cerveza local. *7.00-23.00*

**Casa Strela** $

**20 E2**

Pequeño restaurante de azotea en Tarrafal, perfecto para ver el atardecer; marisco local, hamburguesas, guisos, pasta y tortilla. *18.00-23.00*

 Localizaciones en el plano de la **p. 76**

### Café y tarta/bollo

**Pão Quente** $

**21 C4**

Cafetería-pastelería típica portuguesa con varias ubicaciones en Praia, una de ellas en el centro de Platô; bollos, sándwiches y café. *6.00-21.00*

### Cocina internacional

**Hotel Cesária** $

**22 C1**

La cafetería y el restaurante en la azotea de este excelente hotel son baratos y tranquilos, y están abiertos al público. *7.00-22.30*

**Quintal da Música** $$

**23 C2**

Cocina mezcla de criolla africana y brasileña; la gente acude por la música en vivo, el mejor entretenimiento con la cena de la ciudad. *15.00-23.30 lu-sa*

**Café Sofia** $

**24 C3**

Cafetería en Platô, ideal para el desayuno y el almuerzo mientras se explora el corazón histórico de Praia; los platos del día de marisco

ara el almuerzo son
specialmente ricos.
*00-23.00*

## omida italiana

### onto d'Incontro 💲💲
 **A4**

eguramente el mejor
aliano de Praia y muy
éntrico; carta de platos
peninos de *pizza,* pasta
carne. *11.30-23.30 ju-ma*

### errazza Italia 💲💲
 **B5**

.n el barrio de Achada
e Santo António justo
letrás de la playa de
Quebra Canela; ambiente
cosmopolita, las mejores
*izzas* de Praia y un
ervicio rápido para Cabo
erde. *10.30-22.30*

### Osteria N3 💲💲
 **B5**

unto a la orilla de
Quebra Canela,
posiblemente el mejor
chiringuito de Praia;
puen marisco, música en
vivo a menudo y vistas
espectaculares. *10.00-
23.30*

### Pizzeria Alto Mira 💲
véase  **E2**

Abierto solo para cenar,
en el centro de Tarrafal;
amoso por sus *pizzas*
y la calida bienvenida
que ofrece el dueño,
Francesco. *17.30-23.00
u-sa*

# Beber

## Chiringuitos

### Kabungo
véase  **E2**

Bar cubierto de conchas
en Tarrafal; el lugar ideal
para pasar el rato con
una caipiriña después de
la playa. *11.00-20.30*

### Linha D'Agua
 **C5**

El principal chiringuito
de Prainha; una carta
muy completa, *pizza,*
tumbonas y una larga
lista de bebidas. *9.00-
00.30*

### Kebra Cabana
 **B5**

Abierto desde el
amanecer hasta la noche,
en Quebra Canela;
bebidas y aperitivos.
El servicio a veces deja
que desear. *11.00-3.00*

# Comprar

## Mercados y recuerdos

### Mercado de Sucupira
 **B2**

Es el famoso mercado de
Praia, donde encontrar
buenos recuerdos, pero

hay que buscar bajo las
montañas de ropa de
segunda mano. *9.00-
18.00 lu-sa*

### Mercado municipal
véase  **C3**

El lugar idóneo para
comprar productos
frescos como plátanos,
hierbas, pescado y carne
locales. *8.00-18.00 lu-sa*

### Mercado de
los domingos
 **C3**

Como el Sucupira cierra
los domingos, la av.
Cidade de Lisboa se llena
con cientos de puestos
improvisados que venden
de todo, pero sobre todo
ropa de segunda mano
de EE UU y Europa. *9.00-
18.00 do*

## Centro comercial

### Praia Shopping
 **A5**

El único centro comercial
de Cabo Verde está a un
paseo corto de la playa
de Quebra Canela, al
oeste de la ciudad. Las
tiendas son caras, pero
la selección es buena
para los que van a pasar
un tiempo en el país.
*10.00-22.00*

Sugerencias
de lugares
para comer,
y comprar en
**p. 104**

# Explora
# Fogo y Brava

En el extremo sureste del archipiélago, a una altura de casi 3000 m sobre el nivel del mar, se erige Pico do Fogo, el volcán activo que preside la isla de Fogo. Aunque en su origen se llamó São Filipe por el santo católico del día en que los portugueses descubrieron la isla, tras un par de erupciones los colonizadores le cambiaron el nombre por el más apropiado de Fogo. Lo más emocionante que se puede hacer en la isla es subir a la cima del volcán desde el cráter, pero la caldera misma, donde están los pueblos y los lugareños cultivan uvas en la tierra volcánica, es una de las experiencias más fascinantes de Cabo Verde. Fogo se puede explorar en un par de días y la capital, São Filipe, es una pequeña ciudad colonial. Enfrente está la isla de Brava, una pequeña isla a la que pocos se aventuran.

## Cómo desplazarse

 **Taxi**

Hay taxis a la llegada de los vuelos y los ferris, una buena opción para ir a una ruta de senderismo, otros puntos de interés por la carretera de circunvalación y a la caldera.

**A pie**

El senderismo es una forma excelente de ver Fogo (y Brava), así que hay que llevar botas y bastones de senderismo.

**'Aluguer'**

Los taxis con ruta fija salen de São Filipe hacia todos los puntos de la carretera de circunvalación y, de vez en cuando, llegan hasta los pueblos del cráter.

**LO MEJOR**

Escalar **PICO DO FOGO** (p. 96), un volcán activo y la cima más alta de Cabo Verde.

Relajarse en el bello pueblo pesquero de **FAJÃ D'ÁGUA** (p. 99), en la solitaria costa oeste de Brava.

Probar el mejor **CAFÉ** (p. 101) de Macaronesia, y uno de los mejores **VINOS** (p. 102) de Cabo Verde.

**Fajã d'Água (p. 99).**

São Filipe

R. Achada Pato

R. do Pensão Las Vegas

Pé do Campo

R. do Mercado

Fogo

R. da Biblioteca Municipal

R. da Central Eléctrica

Océano
Atlántico
Norte

Museu
Casa da
Memória

Iglesia de la
Concepción

Dja'r
Fogo

Fortim
Carlota

0          200 m

Ilhéu
Grande

Ilhéu Luiz
Carneiro

Ilhéu
de Cima

Océano
Atlántico
Norte

Brava

Furna

Cova
Rodéla

Nova Sintra

Fajã d'Água

Cova Joana

Nossa Senhora do Monte

Campo Baixo

Fontainhas

Cachaço

Lomba
Tantum

Monte
Miranda

Morra das
Pedras

**Más información**

Imprescindible ⭐ p. 96
Experiencias 🌸 p. 100
Comer 🍴 p. 104
Comprar 🛍 p. 105

Océano
Atlántico
Norte

0 ——————— 10 km

Ribeira
Ilhéu

Laranjo

*Mosteiros* 7

Queimada

Ponta
da Salina 6

São
Jorge

Corvo

Galinheiros

*Monte
Verde*

Achada
Grande

*Chã das Caldeiras*

Relva

Pico da
Caldeira 4 🍴16

São
Lourenço 5

Crâter del
Pico do Fogo

*Pico do
Fogo*

Estrada para
Bangaeira

Monte
Contador

23 🔺 *Monte
Beco*

*Fogo*

Parque Natural
Bordeira, Chã
das Caldeiras
e Pico Novo

Estância
Roque

Véase "São Filipe"

📍 São Filipe

Monte
Grande

*Monte
Paragem* 17 Cova
Figueira

Aeródromo
de São Filipe

21

Patim

Achada
Furna

Figueira
Pavão

Praia
Senhora da
Encarnação

Monte
Largo

Fonte
Aleixo

8

*Capilla de
Nuestra Señora
del Socorro*

Carretera nacional
São Filipe-Cova Figueira

95

★ IMPRESCINDIBLE

# Escalar Pico do Fogo

Lo mejor que se puede hacer en Fogo es subir por la ladera de Pico do Fogo, que se eleva casi 1000 m desde la caldera del volcán. Es una ruta única en Macaronesia, ya que en el punto más alto se alcanza una altura de casi 3000 m sobre el nivel del mar. La excursión suele durar medio día.

PLANO: P. 94 **G5**

**CONSEJO**
Aunque es fácil organizar la ruta por libre, es preferible contratar a un guía si se tiene poca o ninguna experiencia con este tipo de excursiones.

## Preparación
Lo básico para escalar Pico do Fogo –la cima más alta de Cabo Verde, con 2829 m de altura– son unas buenas botas (las polainas también sirven para mantener los calcetines libres de polvo volcánico), un almuerzo, capas de ropa, mucha agua y bastones de senderismo. Aunque la altura de la cima parezca mucha, la ruta comienza a 1700 m, de manera que 'solo' hay que subir 1000 m. Lo idóneo es alojarse en el cráter, ya que merece la pena empezar temprano para evitar las horas de más calor. El sol es más fuerte según se alcanza altitud, y la tierra volcánica negra hace que las condiciones sean bastante desagradables a media tarde. En el cráter hay pensiones sencillas y no hay que alarmarse con la idea de dormir en un volcán, ya que en la actualidad solo emite rugidos de forma ocasional.

## El volcán
Con 20 km de longitud y casi 7 km de ancho, el volcán de Fogo es verdaderamente impresionante. Fue declarado parque nacional en el 2008 y se tarda unos 90 min en llegar al cráter desde São Filipe. Lo más asombroso es que hay pueblos dentro del cráter. El principal, Chã das Caldeiras, fue destruido en la última erupción en el 2014, pero la gente ha reconstruido sus casas entre la lava. En la caldera está Pico do Fogo, que se eleva otros 1000 m.

ICHAUVEL/GETTY IMAGES ©

## La ruta

Se suele comenzar en la aldea de Portela a las 6.00 o incluso a las 4.00 para ver el amanecer. Desde allí hay que caminar 1,5 km hacia el este (sendero FGP2a) hasta que sale un camino hacia la derecha, donde comienza el ascenso. Hay tramos muy empinados de ceniza volcánica que pueden resultar algo difíciles. Se tarda entre 3 y 4 h en llegar a la cima, donde las vistas del cráter, las pequeñas aldeas de su interior y el Atlántico son algo espectacular. Se puede bajar por el mismo camino, o rodear el borde del cráter hasta llegar a un sendero que desciende hacia el sureste. Algunos guías bajan esquiando o en *snowboard*. Se tarda unos 90 min en volver a Portela por Pico do Inferno.

**UNA PAUSA**
Por el camino no hay forma de comprar refrescos, así que hay que llevar algo de comer y (lo más importante) agua suficiente para pasar un día de calor.

⭐ **IMPRESCINDIBLE**

# La isla de Brava

No hay vuelos, pero desde Fogo hay un ferri que hace el trayecto cada dos días a la isla de Brava, la más pequeña y menos visitada de las islas habitadas de Cabo Verde. Está a 18 km aprox. de Fogo, hacia el oeste, y es un pequeño paraíso al que llegan muy pocos de los que visitan Cabo Verde.

PLANO: P. 94 **B5**

**CONSEJO**
Cuando se escribió esta guía, los ferris entre Fogo y Brava (en ambas direcciones) operaban los lunes, jueves y sábados.

### Cómo llegar

Los ferris Interilhas hacen el trayecto hasta Brava desde Fogo cada dos días, pero regresan inmediatamente, con lo que una excursión de un día desde Fogo es imposible. El viaje desde São Filipe hasta el puerto de Furna dura menos de una hora, y cuando se escribió esta guía, el billete de ida y vuelta costaba 3000 CVE. Si se va a volver en unos días, es buena idea comprobar el estado del tiempo y estar atento a los mensajes de Interilhas sobre cancelaciones o retrasos. El ferri hace el trayecto Santiago-Fogo-Brava y vuelta, así que se puede llegar a Brava desde Praia. A principios del 2024 corría el rumor de que el aeropuerto de Brava podría volver a estar operativo.

### Puntos de interés

Se tarda medio día en ver los principales puntos de interés de la isla en taxi, que es el único medio, ya que no hay coches de alquiler. Se dice que desde Furna hasta la capital de la isla, **Nova Sintra** (foto), a 520 m de altura, hay 99 curvas. Esta ciudad, que sorprende por el buen estado en que se conserva, se erige alrededor de la **Praça Eugénio Tavares,** con mucha vegetación y llamada así en honor al periodista y poeta caboverdiano nacido en el lugar en 1867. Desde allí se llega en poco tiempo en coche a Cova Rodela y el mirador **Miradouro**

ANDIA/ALAMY STOCK PHOTO ©

**de Nova Sintra,** con vistas espectaculares de Fogo. **Fajã d'Água,** 9 km al oeste, es un pequeño pueblo con altos acantilados de fondo y piscinas de roca naturales donde está permitido bañarse. El senderismo es también buena opción en Brava. Hay una ruta fácil desde la aldea de **Nossa Senhora do Monte,** con un manantial, hasta **Monte Fontain-has.** Las aldeas de **Cachaço** y **Sorno** solo son accesibles a pie.

## Pasar la noche

La falta de opciones de trasporte obliga a pasar la noche en Brava. En Nova Sintra están el Hotel Djabraba's Eco Lodge, el Hotel Cruz Grande-Brava, el Hotel Pensão Paulo y el Hotel Brava Tur. En Fajã d'Agua hay además un par de opciones de aloja-miento en casas particulares, y es un lugar remoto y mágico donde alojarse.

**UNA PAUSA**
Casi todos los restaurantes y cafeterías de la isla están en Nova Sintra, con algunas opciones en Fajã d'Água y Furna.

# EXPERIENCIAS

## Pasear por São Filipe, la capital `CIUDAD`

Para muchos, esta ciudad –la cuarta del archipiélago– es la más agradable de Cabo Verde. En lo alto de acantilados volcánicos, es un lugar tranquilo con casas coloniales renovadas (llamadas *sobrados*) de fachada color pastel. Hay unas cuantas atracciones turísticas, como una pequeña playa de arena negra desde la que se puede ver Brava en el horizonte. Además de los sitios más visitados de la ciudad, se puede visitar la **iglesia de la Concepción** (PLANO: ❶ P. 94 **B3**), de color azul y con dos chapiteles, en la histórica plaza principal **Largo do Presídio**, o el **mercado municipal** (p. 105), donde se vende pescado y fruta y verdura cultivadas en tierra volcánica.

## Conocer el pasado de Fogo en el Museu Casa da Memória `MUSEO`

PLANO: ❷ P. 94 **C2**

El único museo auténtico de Fogo es una casa en São Filipe, de la década de 1820, que ha sido convertida en un encantador espacio cultural. Su colección de cerámica, fotografía, objetos decorativos y artículos domésticos ofrece una idea de cómo ha sido la vida en Fogo a lo largo de los pasados dos siglos. Tiene un precioso patio donde a veces se organizan proyecciones, charlas y otros eventos. Desafortunadamente, **Casa da Memória** cerró durante la pandemia del covid-19, pero al parecer volverá a abrir muy pronto.

## Saborear una taza de arábica en Dja'r Fogo `GALERÍA`

PLANO: ❸ P. 94 **B3**

Quienes tengan interés por la historia de Fogo, su cultura y su café, pueden visitar **Dja'r Fogo,** la galería de un artista local que vive entre Lisboa, París y Fogo, y funciona al mismo tiempo como cafetería, centro de información y punto de partida para circuitos por la isla. Es además el mejor sitio para degustar el café artesano de Fogo; la familia del dueño tiene una plantación de café desde 1874.

### 🌋 PICO DO FOGO Y SUS ERUPCIONES

2014, 1995, 1951, 1857... La lista de las erupciones del Fogo es larga y algo arbitraria, ya que las pausas entre expulsiones de lava no parecen seguir ningún patrón regular. La mayor erupción desde que comenzaron los registros fue en 1680, cuando la isla al completo se cubrió de ceniza y la mayoría de la población huyó a Brava. Pero esto palidece en comparación con la erupción de hace 73000 años cuando toda la cara oriental del volcán colapsó y cayó al Atlántico, generando un tsunami de 170 m hacia Santiago. Las erupciones recientes han sido bastante suaves en comparación con aquella.

# ☕ CAFÉ DE FOGO

El café de Fogo se puede beber en todo el archipiélago, y es una de esas cosas que hace de Cabo Verde el país que es. Los expertos en café insisten en que los granos rojos de Fogo son una de las mejores variedades de arábica del mundo, y un expreso del grano local es la mejor forma de empezar el día. Los locales afirman que su sabor procede de la tierra volcánica en que crecen las plantas, entre 300 m y 1000 m sobre el nivel del mar. La mayoría de las plantaciones están alrededor de los pueblos de Pai António y Mosteiros, en el noreste. La mayor parte del café de Fogo se consume en el archipiélago.

## Conocer a los habitantes del volcán en Chã das Caldeiras
PUEBLO

PLANO: **4** P. 94 **G4**

El primer pueblo del cráter, **Chã das Caldeiras,** se encuentra a una altura de 1700 m sobre el nivel del mar, y fue destruido durante la erupción del 2014. La población, atemorizada por los temblores de tierra, había huido a tiempo y nadie resultó herido, pero en el 2015 regresaron para reconstruir sus casas y negocios entre la lava. Mucha gente (turistas y locales) se pregunta por qué viven en un volcán activo, y la razón es la idoneidad de la tierra volcánica para el cultivo de uvas, que se utilizan para elaborar el vino de Chã das Caldeiras. Se le suma el dinero que genera el turismo que llega para pasar el día o a hacer senderismo y escalar Pico do Fogo. Esta y la cercana Portela son dos de los lugares más insólitos de Macaronesia, una comunidad que vive con conocimiento pleno de que tarde o temprano el volcán convertirá

sus casas en lava. En la actualidad, Fogo solo emite algún rugido de vez en cuando.

## Hacer una excursión a pie a São Lourenço
PUEBLO

PLANO: **5** P. 94 **E5**

El sendero FGC18/17 traza una ruta corta desde el puerto de ferris de São Filipe hasta **São Lourenço,** a unos 7 km, un pequeño pueblo tranquilo con una iglesia sencilla de color azul y un cementerio amplio lleno de coloridas tumbas con el océano de fondo. Hacia el norte hay más senderos que recorren la costa y hacia arriba hasta antiguas corrientes de lava.

## Darse un baño en Ponta da Salina
PISCINA DE ROCA

PLANO: **6** P. 94 **F4**

Para ser una isla volcánica, Fogo tiene pocas piscinas naturales de roca donde bañarse. El norte de la isla es una excepción; cerca de la aldea de São Jorge y junto a una playa de roca y un faro moderno, hay varias piscinas poco profundas que se llenan con agua templada del Atlántico. Hay un restaurante cerca y un par de rutas de senderismo hacia el interior y a lo largo de la costa.

## Tomar un café en Mosteiros
PUEBLO

PLANO: **7** P. 94 **G3**

En un tramo de costa plano en el norte de Fogo está **Mosteiros,** el epicentro de la industria cafetera de la isla. En la zona hay unas 200 Ha de plantaciones de café y en el pueblo se puede observar cómo los autóctonos escogen y pelan los granos rojos de arábica. Tchon de Café y Cafe Dina (p. 104) son dos buenos lugares donde probar el café local en un circuito por la isla.

## Hacer una excursión a la capilla de Nossa Senhora do Socorro
CAPILLA

PLANO: **8** P. 94 **E6**

Desde São Filipe sale hacia el sureste el sendero FGC20, de 7 km, que pasa por el aeropuerto y llega, a través de un paisaje árido, hasta la **capilla de Nuestra Señora,** una capilla sencilla y encalada, con la inmensidad del océano de fondo. Es el destino perfecto para un paseo matinal. Su presencia en este lugar se asocia con una estatua milagrosa de la virgen que fue encontrada por unos pastores locales.

## Catar los vinos de Chã Vinho do Fogo
BODEGA

véase **23** P. 94 **G5**

Unos pocos kilómetros a las afueras del pueblo de Chã das Caldeiras (de camino a São Filipe) se halla esta **bodega** de vanguardia (p. 105), reconstruida tras la destrucción de la original por la erupción del 2014. Es, sin duda, el mejor lugar para una cata y se puede comprar la gama completa de blancos y tintos que se elaboran en el lugar. Las instalaciones incluyen una pensión donde los senderistas pueden pasar la noche antes de escalar el Pico do Fogo.

---

🍷 **VINO DE FOGO**

Chã das Caldeiras es el vino más famoso de Fogo, llamado así por el pueblo donde se elabora. El conde Montrond se trajo de Francia el conocimiento y las técnicas de fermentación al cráter y plantó viñas en la tierra volcánica, que ofrece las condiciones ideales para su cultivo (por esta razón, la mayoría de los locales se resisten a abandonar la zona). La isla produce unos 100 000 litros de vino tinto y blanco al año. La mayor parte se consume a escala local y en Portugal. No se utilizan productos químicos en la elaboración de estos vinos, lo que significa que son ecológicos.

## 📖 LOS MONTROND

El 95% de los habitantes del cráter tienen el mismo apellido, Montrond. Todos descienden del conde Armand Montrond, un francés excéntrico que se instaló en Fogo en 1872. Montrond era un aristócrata descontento que iba camino al continente americano cuando hizo una parada en Cabo Verde, y se quedó. Construyó las primeras carreteras de la isla, inició la industria vinícola en la caldera y tuvo decenas de hijos con varias mujeres de la isla, de ahí el cabello rubio, la piel clara y los ojos azules de muchos habitantes de Fogo.

### Practicar deportes de invierno sobre ceniza volcánica   DEPORTES EXTREMOS

PLANO: P. 94 **G5**

Una de las experiencias más insólitas para vivir en el archipiélago es el espectáculo que dan los habitantes de Fogo bajando por las laderas volcánicas calientes del **Pico do Fogo** (p. 96) en esquís y *snowboard*. Como en el desierto de Viana en Sal, las laderas arenosas del cráter ofrecen las condiciones ideales para deslizarse por ellas.

Hay quien ha intentado bajar en trineo e incluso en kayak.

### Explorar el Fortim Carlota   FORTALEZA

PLANO: 9 P. 94 **B3**

En 1667 se construyó esta fortaleza –hoy en ruinas– en honor a la reina Carlota Joaquina, esposa del rey João VI de Portugal, como protección contra piratas. Aparte de un par de viejos cañones y las vistas, no hay mucho que ver en el lugar.

## SUGERENCIAS

# Lo mejor para...

Ⓢ Económico  ⓈⓈ Medio  ⓈⓈⓈ Alto

Localizaciones en el plano de la **p. 94**

# Comer

### Cocina caboverdiana

### Caleron ⓈⓈ
 **10** C1

El patio al aire libre ofrece un ambiente relajado para disfrutar de platos de carne a la plancha y pescado y marisco. Los sábados hay música en vivo y se llena. *9.00-24.00*

### Tropical Club ⓈⓈ
**11** C2

Un lugar acogedor con decoración tropical y una carta de platos de pescado, marisco y carne locales. *8.30-1.00*

### Espaco 24 ⓈⓈ
**12** C1

Moderno y al aire libre en el centro de São Filipe; la cachupa, el marisco y algún plato internacional se acompañan de música en vivo. *10.00-24.00*

### Bar Restaurant Mae ⓈⓈ
**13** C3

Restaurante local siempre lleno de turistas y locales que ofrece marisco muy bien cocinado y ambiente animado. *11.00-24.00*

### Erica Lounge ⓈⓈ
**14** C1

Terraza restaurante frente al mar popular entre turistas y locales; buenos platos de pescado y marisco. *Almuerzo y cena*

### Restaurant Ginix ⓈⓈ
**15** C1

En una terraza de madera abierta, sirve grandes porciones de platos locales, marisco y muchas bebidas con camareros simpáticos. *11.00-24.00*

### Escrola ⓈⓈ
véase  **4** G4

Pequeño bar restaurante en el cráter para turistas y senderistas; platos sencillos y un buen lugar donde probar el café y el vino de Fogo. *Horario variable*

### Casa Ramiro ⓈⓈ
**16** G4

Acogedora casa de huéspedes y restaurante en la caldera; carne y pescado a la plancha, y vino y café de Fogo. *Horario variable*

### Visão ⓈⓈ
**17** H5

Lugar limpio y moderno en el pueblo de Cova Figueira, ideal para los grupos que están de un circuito por la isla y senderistas hambrientos. Ofrecen pescado y carne a la plancha. *8.00-22.00*

### Cafe Dina Ⓢ
véase  **7** G3

Cafetería sencilla en Mosteiros; desayunos caseros preparados por el dueño, almuerzos ligeros y el excelente café de la zona. *8.00-22.00*

### Lanchonete Cantinho de Djalita ⓈⓈ
**18** B5

Excelente y acogedor restaurante en Nova Sintra (Brava); el mejor lugar donde darse un festín de marisco y carne a la plancha tras un día explorando la isla. *9.00-17.00 lu-vi*

### João de Alicia Ⓢ
**19** A6

Ubicado junto a las piscinas de roca de Faja d'Agua (Brava) y la mejor

ANDIA/ALAMY STOCK PHOTO ©

opción por esta zona para un almuerzo ligero después de pasarse la mañana nadando, o también para una buena cena al final del día. *Horario variable*

### Cocina italiana
**Pizzaria Adriano ⑤⑤**
**20** D2
Este es el lugar perfecto en São Filipe para aquellos que deseen reponer calorías con una buena *pizza* después de escalar el Pico do Fogo; ofrecen también opciones vegetarianas. *9.00-24.00 mi-lu*

**Tortuga ⑤⑤**
**21** E5
Junto a la playa de arena negra al sur de la ciudad, este restaurante de un hotel frente al mar está abierto al público. Sirve marisco fresco y platos italianos. *Horario variable*

# Comprar
### Recuerdos y mercados
**Mercado municipal**
**22** C2
Además de fruta y verdura fresca, se

pueden encontrar recuerdos de Fogo como esculturas de roca volcánica, café y vino. *8.00-18.00 lu-sa*

### Chã Vinho do Fogo
**23** G5
La bodega que se encuentra en el cráter (foto) es el mejor lugar para comprar vino local a buen precio. *9.00-17.00 lu-vi*

105

**Sugerencias de lugares para comer, y comprar en p. 117**

# Explora
# Santo Antão

Esta isla, a una hora en ferri de Mindelo, es vertiginosamente vertical, surcada por cañones, gargantas y valles que ofrecen las mejores rutas de senderismo de Cabo Verde. La mayoría de los turistas se dirigen al frondoso noreste de la isla, ya que el resto está cubierto de una tierra árida y seca habitada por cabras y algún que otro agricultor. Lo más espectacular de esta isla es la ruta por el valle de Paúl, una grieta enorme en el paisaje cubierta de cultivos y salpicada de pueblos, pequeñas destilerías de *grogue* e interesantes lugares donde alojarse y comer. Otras rutas de senderismo llevan a la cima de la montaña más alta, Topo de Corao, y a lo largo de la rocosa costa norte.

## Cómo desplazarse

 **Taxi**
Hay taxis esperando en Porto Novo a la llegada de cada ferri para ir a los puntos de partida de las diferentes rutas de senderismo o a pueblos remotos. Son más caros que los *aluguers*.

 **A pie**
La mejor forma de ver Santo Antão es sin duda a pie, ya que hay las mejores rutas de senderismo de Cabo Verde.

**'Aluguer'**
Esperan en el puerto a la llegada de los ferris y son la mejor manera de desplazarse por la isla. Nunca hay que esperar mucho a que llegue uno y son muy baratos.

**LO MEJOR**

La ruta de senderismo más fotogénica, en el **VALLE DE PAÚL** (p. 109).

Escapar del mundanal ruido en la playa de arena volcánica de **TARRAFAL** (p. 114).

No mirar hacia abajo mientras se sube a lo alto del monte en la **RUTA DE LA COSTA NORTE** (p. 112).

Ver cómo se elabora el *grogue* en alguna de las **DESTILERÍAS** por las que es conocida la isla (p. 117).

**Valle de Paúl (p. 109).**
IMAGEBROKER.COM GMBH & CO. KG/ALAMY STOCK PHOTO ©

107

Océano
Atlántico
Norte

São
Vicente

Baía do
Porto
Grande

Salamansa

Ilhéu dos
Pássaros

Morro do
Tubarão

Túnel do
Faról

Janela

Janela do
Faról

Pico da
Pedra do
Cruz

Chã do
Padre

Pombas

Sinagoga

Ribeira Grande

Valle de Paúl

Ponta do Sol

Aldeia

Manga

Pontinha
da Janela

Gudo de
Morro
de Vento

Morro do
Brejo

Porto Novo

Porto Novo:
Ribeira Grande

Figueiral
de Cima

Cocuto

Caldera de Cova

Cova de Paúl

Espadana

Gudo de
Cavaleiro

Santo
Antão

Formiguinhas

Praia
d'Aranhas

Monte
Camelengues

Garça de Cima

Parque
Natural do
Moroços

Figueiras
de Baixo

Ribeira
da Cruz

Barragem
de Canto de
Cagarra

Monte
Cadorniz

Chã de Monte

Morro Frade

Morro
Atravessado

Morro de
Panela

Morro
Aranha
Perna

Monte
Tomé

Morro de
Campo

Cruzinhas

Cirio

Monte de
Quente

Topo da
Coroa

Monte
Trigo

Playa de
Tarrafal

Tarrafal

Excursión de
la costa norte

Océano
Atlántico
Norte

0   10 km

**Más información**

Imprescindible 🟥 p. 109

Experiencias 🟣 p. 114

Comer 🟢 p. 117

Comprar 🟫 p. 117

⭐ **IMPRESCINDIBLE**

# Senderismo en el valle de Paúl

La ruta más célebre de Cabo Verde recorre 7 km por el valle de Paúl, al este de la isla, un profundo terreno cubierto de frondosas terrazas de cultivo. No se trata de una excursión por la naturaleza salvaje, ya que este fértil valle está habitado en toda su extensión. Es además una ruta fácil apta para todos los niveles.

### El valle de Paúl

Con una extensión que abarca desde Pombas, en la costa este de la isla, hasta Chã de Padre, a 600 m sobre el nivel del mar, el valle de Paúl es una frondosa franja de vegetación tropical rodeada de laderas de montaña y cimas altas. El paisaje es extraordinario debido a su vegetación y las vistas, pero este es también un lugar donde ver la vida diaria de los lugareños, cuidando de sus cultivos y sus granjas. A lo largo de la ruta hay plantaciones de caña de azúcar, papaya, plátanos y otros cultivos. El azúcar se utiliza para elaborar *grogue* (p. 115) y hay destilerías en la ruta que se pueden visitar. En la parte interior del valle hay un camino empinado que sube hasta el **cráter de Cova** (p. 111), donde los agricultores cultivan un terreno circular dentro de la caldera de un volcán extinto. La escalada hasta arriba es difícil y el descenso también.

### Rutas

Hay varias opciones para explorar el valle de Paúl. Se puede tomar un taxi hasta Água das Caldeiras, caminar por el borde del cráter de Cova y luego bajar hasta Pontinha da Janela y seguir por la

PLANO: P. 108 **E2**

**CONSEJO**
No hace falta llevar provisiones al valle de Paúl; hay tiendas, cafeterías y restaurantes a lo largo de la ruta. Eso sí, hay poca sombra, así que conviene tener agua, crema de protección solar y un sombrero.

IGOR TICHONOW/SHUTTERSTOCK ©

**UNA PAUSA**
El mejor lugar
para comer es
**O Curral** (p. 117),
cerca de Lom-
binho, de dueños
austriacos y con
una terraza con
vistas especta-
culares del valle.

carretera que recorre el valle. Se puede hacer lo
mismo en dirección contraria, pero la subida desde
Pontinha es empinada y rocosa. Otra opción es
tomar un taxi o un *aluguer* en Pombas hasta lo alto
del valle y bajar a pie. Hay coches que hacen este
trayecto hacia arriba y hacia abajo constantemente,
así que también se puede hacer en dirección opues-
ta. En el valle se puede andar por la carretera o por
senderos que conducen a ella.

Si se va a caminar por senderos más pequeños,
hace falta tener un buen mapa o *app* como mapy.
cz. Las rutas sin marcar que atraviesan la ladera de
la montaña ofrecen al senderista una experiencia
inolvidable.

## Senderismo en el valle

Esta es la ruta de Pombas a Pontinha de Janela a lo largo de la carretera. Una vez se sale de Pombas, una de las primeras paradas es la **destilería Beth D'Kinha** (p. 117), donde el personal explica el proceso de elaboración del *grogue* local y ofrece catas. Allí comienza la cuesta arriba, con empinadas terrazas y plantaciones; casi cada metro cuadrado de tierra fértil, e incluso el lecho del río, está cultivado. También se ven las **levadas** típicas de Madeira: canales de cemento que transportan agua a los cultivos. El valle está siempre lleno de gente; algunos apilan caña de azúcar al borde de la carretera y otros esperan con sus mejores galas un *aluguer*. Por el camino hay negocios interesantes, como el lujoso **Château Georgette Hotel** en las afueras de Pomba o **Mercearia Sousa,** una pequeña tienda de alimentación pasado el pueblo de Lombinho, que sigue igual que en la década de 1940. Pero lo más impresionante son los paisajes de las verticales caras rocosas que se elevan desde el valle; en menos de 1 km suben desde el nivel del mar hasta los 1000 m de altura.

## Cráter de Cova

Cerca del final del valle, en Pontinha de Janela, hay un sendero marcado (PR1) muy empinado que sale de la carretera hacia la derecha. La señal indica "Cova 2,8 km", pero no hay que engañarse, se trata de una caminata de 2-3 h en zigzag cuesta arriba por una pared rocosa que conduce al **cráter de Cova** (foto). Se puede bajar hasta el valle desde Cova, pero es un descenso muy duro. Desde lo alto de este volcán extinto el paisaje es extraordinario: una pared de roca circular con campos de cultivo dentro. La carretera entre Porto Novo y Ribeira Grande pasa por la cara occidental del volcán, pero los *aluguers* no cubren este trayecto tan empinado. Hay que contratar un taxi o hacer autostop hasta la costa.

**ALDEIA MANGA**
Cerca de Boca De Figueiral, en el corazón del valle, está el **Aldeia Manga ecolodge** (aldeia-manga. com), uno de los lugares más inolvidables donde alojarse en Cabo Verde, con bungalós tradicionales y vistas sensacionales.

**EXPLORA**

**SANTO ANTÃO**

# Excursión por la costa norte

Serpenteando a lo largo de la remota costa norte de la isla, esta ruta de 13 km es una aventura por lo alto de un acantilado que se abre camino sobre el agitado océano. A diferencia de la ruta por el valle de Paúl, esta es una experiencia más solitaria, con solo unas pocas aldeas en parajes espectaculares por el camino.

PLANO: P. 108 **D1**

**CONSEJO**
Si hace calor, hay que llevar agua suficiente, ya que no hay modo de conseguirla en la primera parte de la ruta.

### Hasta Cruzinha

La mejor forma de comenzar esta ruta es en la aldea costera de Cruzinha, para luego volver caminando a Ponta do Sol. Se puede llegar hasta allí por la mañana en *aluguer* desde Ponta do Sol. También se puede hacer la ruta en dirección contraria, pero es muy posible que haya que esperar bastante en Cruzinha al *aluguer*. Si no se quiere hacer toda la ruta, los primeros 5 km desde Ponta do Sol son probablemente los más interesantes.

### La ruta

Es buena idea salir temprano de **Cruzinha** para evitar las horas de más calor. No hay mucha sombra por el camino y el primer punto con agua está a unos 10 km. Tras 2 km cuesta arriba, un camino rocoso conduce hasta **Praia d'Aranhas,** una playa de arena negra donde descansar y refrescarse. El camino pasa por debajo de acantilados y luego sigue en zigzag cuesta abajo hasta **Chã de Mar** (4 km), donde cruza un arroyo. Durante los siguientes 2,7 km la ruta sube y desciende bajo precarios acantilados hasta llegar a una playa rocosa en la

PETER ADAMS/GETTY IMAGES ©

remota aldea de **Formiguinhas,** donde hay un par de bares de paso improvisados, una capilla y una escuela. Desde allí hay otros 1,5 km hasta **Corvo,** una pequeña aldea en un vado a la que solo se puede llegar a pie o en burro. El tramo de costa hasta Ponta do Sol es espectacular: enormes valles verdes que los locales cultivan en terrazas haciendo equilibrios imposibles. La subida en zigzag al salir de Corvo es la parte más difícil de la ruta, pero las vistas del valle, la aldea y el océano bien merecen el esfuerzo. Desde Corvo hay 2,3 km hasta **Fontainhas** (foto), en la ladera de la montaña al final de un enorme valle que se abre hasta el mar. En la aldea hay más bares de paso. A partir de allí, la ruta continúa por un camino de tierra hasta el resort de **Ponta do Sol** (p. 114).

**UN BOCADO**
En las aldeas cerca de Ponta do Sol hay pequeños bares de paso y en Cruzinha, dos casas de comidas.

113

## EXPERIENCIAS

### Hacer una parada en Ribeira Grande

CIUDAD

PLANO: **1** P. 108 **E1**

La capital de Santo Antão es una ciudad animada en la costa norte donde pocos turistas eligen quedarse. La mayoría se encuentra allí para cambiar de *aluguer* entre Porto Novo y Ponta do Sol. Sin embargo, el casco viejo bien merece un paseo, por la zona de la **iglesia de Nuestra Señora** de la época colonial y el **mercado,** donde se puede comprar queso de cabra local y *grogue*. Hay también murales y buenos restaurantes.

### Días de playa en Tarrafal

PUEBLO

PLANO: **2** P. 108 **B4**

Como su tocayo de Santiago, lo más impresionante del **Tarrafal** de Santo Antão es su playa. Es de arena negra volcánica y se llega por carreteras difíciles a través de la parte más inhóspita y menos visitada de la isla, el oeste. Tarrafal es la escapada perfecta para alejarse del turismo de masas, solo hay que extender la toalla sobre la arena y escuchar el sonido del mar. Hay pequeñas pensiones donde alojarse.

### Relajarse en Ponta do Sol

PUEBLO

PLANO: **3** P. 108 **E1**

La población más al norte de Cabo Verde, **Ponta do Sol,** es un popular y tranquilo resort turístico. Desde la plaza central con iglesia se extienden las antiguas calles con varias pensiones y alquileres vacacionales. Hay también bastantes restaurantes y una tienda de alimentación. La localidad es el punto de partida para rutas de senderismo por la costa, pero no hay playa. Los *aluguers* son muy regulares y salen de la plaza a todos los lugares de interés que se encuentran en las costas este y sur.

### Pasear por Porto Novo

PUEBLO

PLANO: **4** P. 108 **E3**

Los turistas no suelen pasar mucho tiempo en **Porto Novo,** el que se

---

🏠 **'QUEIJO DE CABRA'**

Cuando los lugareños hablan de queso, se refieren al queso de cabra que se elabora en Santo Antão: pequeñas ruedas de queso suave y cremoso que se vende en todo el país. El *queijo de cabra* se utiliza como ingrediente para hacer platos dulces y salados, como el requesón en Europa. Hay que acostumbrarse al sabor, pues algunos, al probar la *queijada,* se sorprenden un poco. Los amantes del queso de cabra tienen que probar el postre Romeo y Julieta: finas lochas de queso de cabra con compota de papaya. La *pizza* también puede llevar queso de cabra.

## 🍾 'GROGUE'

El licor por el que es famoso Cabo Verde es el *grogue,* licor de caña de azúcar destilado en los valles de Santo Antão y Santiago desde enero hasta que se termina la cosecha. El *grogue* se suele mezclar con zumo para elaborar un licor dulce; algunos saben a Baileys. En Santo Antão merece la pena visitar Trapiche Ildo Benrós, cerca de Pombas, y Beth D'Kinha en el valle de Paúl, dos lugares donde se ofrece información sobre la elaboración del *grogue* y donde se puede catar y comprar (véase "Comprar", p. 117).

tarda en bajar del ferri en el puerto y subirse a un *aluguer* camino al norte. Sin embargo, de vuelta a Mindelo es posible que haya que pasar algo más de tiempo en esta localidad. En la ciudad hay restaurantes buenos e incluso una pequeña playa. En el puerto de ferris hay algunos puestos de recuerdos, una buena cafetería y algunas otras instalaciones, como las únicas escaleras mecánicas de Cabo Verde.

### Explorar ruinas y una playa en Sinagoga   PUEBLO

PLANO: **5** P.108 **E1**

Este pueblo costero con parada de *aluguer* está entre Pombas y Ribeira Brava. Allí escaparon los judíos portugueses durante la inquisición y construyeron una **sinagoga** que hoy está en ruinas en un promontorio al norte de la aldea. Bajo el acantilado hay una bonita playa de arena negra donde en los meses de verano se puede nadar.

### Visitar Pedra do Letreiro   MARCAS EN LA ROCA

PLANO: **6** P.108 **F2**

A principios del s. xx se descubrió, en el frondoso valle de la Ribeira de Penede al sur del pueblo de Janela, una misteriosa roca con marcas de símbolos que parecen preceder a la llegada de los portugueses a la isla. ¿Extraterrestres, los chinos, la virgen María? Nadie

**FERRI DESDE MINDELO**
El trayecto de ferri entre Mindelo y Porto Novo es el único del archipiélago que hacen dos empresas diferentes: CV Interilhas (cvinterilhas.cv) y Armas (nosferry.cv). Hay cuatro ferris al día en cada dirección, con lo que muchos turistas optan por una excursión de un día a la isla desde Mindelo. Este servicio de ferris no sufre cancelaciones ni grandes retrasos, así que se puede planificar un itinerario con seguridad de que no habrá cambios.

HEMIS/ALAMY STOCK PHOTO ©

sabe quién los hizo. Los lugareños consideran el lugar mágico, y para los turistas es un buen destino para una ruta de senderismo.

## Subir el
## Topo da Coroa   MONTAÑA

PLANO: **7** P. 108 **B3**

Con una altura de 1979 m, el volcán extinto **Topo da Coroa** es la cima más alta de Santo Antão. Se encuentra al oeste de la isla, y la solitaria ruta (foto) hasta la cima recorre caminos tortuosos a través de un paisaje árido (hay que llevar agua). El sendero sin marcar comienza en la pequeña aldea de Chã de Feijoal, a 40 km al noreste de Porto Novo, y la ruta completa de ida y vuelta a la cima dura 6 h aprox. Se puede contratar a un guía, pero si se tiene experiencia con este tipo de aventuras al aire libre, se puede hacer por cuenta propia sin problema.

# Lo mejor para...

 Económico $$ Medio $$$ Alto

## Comer

### Cocina caboverdiana

### Curral $
**8** E2

El mejor lugar para reponer fuerzas en el valle de Paúl, con vistas espectaculares, platos locales como cachupa, postres sencillos y excelente café. *10.00-18.00*

### Valeiro $$
véase **3** E1

En un pequeño promontorio de la costa de Ponta do Sol; el personal habla francés y sirve deliciosos platos de pollo, pescado y *pizzas*. Casi siempre hay mesa libre. *7.00-23.00*

### Ady & Juju $
**9** E2

Terraza-restaurante ecológica en la ladera de un monte junto al comienzo del valle de Paúl con vistas sensacionales; tres platos del día, zumo, café de Fogo y deliciosos postres. *10.00-23.00*

### Música do Mar $$
véase **3** E1

Restaurante abierto solo para la cena en una pensión en el paseo marítimo de Ponta do Sol; marisco y platos locales, clientela extranjera y, a menudo, excelente música en vivo. Hay que reservar. *18.00-22.00*

### Caleta $$
véase **3** E1

Un comedor de decoración marina con terraza en el paseo marítimo de Ponta do Sol; platos de pasta, marisco, cachupa y carne. *11.00-23.00*

### Cocina italiana

### Black Mamba $$$
**10** E1

Colorido restaurante en una pensión de Pombas; las *pizzas* y las vistas son excelentes. *11.00-23.00*

### Platos internacionales

### 5 de Julho $
véase **1** E1

La cafetería-restaurante más céntrica y de moda de Ribeira Grande, en una bonita plaza junto a la iglesia; el lugar perfecto para tomarse un café,

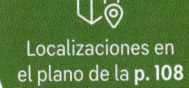 Localizaciones en el plano de la **p. 108**

almorzar o cenar con una carta para todos los gustos. *8.00-22.00*

### Divin' Art $$
**11** E1

En la calle Coculi saliendo de Ribeira Grande, este hotel-restaurante es uno de los mejores de la isla; una carta llena de platos locales e internacionales, un jardín apartado y música en vivo los viernes. *12.00-24.00*

## Comprar

### Recuerdos y artesanía

### Beth D'Kinha
**12** E2

La destilería más accesible del valle de Paúl, perfecta para comprar una botella de *grogue*. *Horario variable*

### Trapiche Ildo Benrós
**13** F1

Famosa destilería cerca de Pombas, cubre todas las necesidades etílicas. *Horario variable*

Sugerencias
de lugares para
comer, beber
y comprar en
**p. 131**

# Explora
# São Vicente

En la isla norteña de São Vicente todo gira en torno a la enorme capital, Mindelo, epicentro cultural de Cabo Verde y su ciudad más europea y dinámica. Es el lugar de nacimiento de la famosa cantante Cesária Évora, la sede del mejor museo del archipiélago, el lugar donde se celebra la mayor fiesta del país, el carnaval, y el mejor sitio para comer y beber al son de la música local. La segunda ciudad de Cabo Verde es visita obligada para quienes busquen el alma cultural y artística del país. Es también el centro de la vida nocturna del archipiélago, con el mejor entretenimiento entre África y el Caribe. El resto de la isla es un paisaje árido y desolado, aunque hay buenas playas y un par de picos para escalar.

## Cómo desplazarse

En Mindelo hay red de autobuses, pero no suele ser necesario; la mejor forma de explorar el centro es a pie o en bici. Para viajar a otros puntos de la isla, lo mejor es alquilar un taxi para todo el día, unirse a un circuito organizado o ir a otras localidades en *aluguer*. El trayecto desde y al aeropuerto solo se puede hacer en taxi o en transporte organizado por el hotel, que esperan en la sala de llegadas cuando aterrizan los vuelos.

## LO MEJOR

Ver todos los puntos de interés relacionados con **CESÁRIA ÉVORA,** la cantante más famosa de Cabo Verde (p. 122).

Artesanía y arte en el **CNAD, CENTRO NACIONAL DE ARTE, ARTESANÍA Y DISEÑO** (p. 126).

Tumbarse en la arena de la **PLAYA DE LAGINHA** (p. 127) de Mindelo

Un festín de comida casera local en **CAFE VERDE** (p. 131) dentro del mercado.

**Mercado municipal (p. 126).**
PETER ADAMS/GETTY IMAGES ©

**Océano Atlántico Norte**

1 · 2 · 3 · 4

F · E · D · C · B · A

Reserva Natural de Santa Luzia

**15** Santa Luzia
Praia do Castelo

Baía das Gatas **9**
**8** Monte Verde
Parque Natural de Monte Verde
Monte Verde

Calhau **10**
Porto Calhau

Salamansa

o. Madeiral

São Vicente

Mindelo **22**
**33**
**11**

Véase "Mindelo"

Ilhéu dos Pássaros

Tope de Caixa

Tope de Caralena

Aeropuerto Internacional
**13** São Pedro
Praia de São Pedro
**12**
Playa de São Pedro

Playa Flamengos

**Más información**

Imprescindible ★ p. 122
Experiencias ☆ p. 126
Comer ✕ p. 131
Beber 🍺 p. 132
Comprar 🛍 p. 133

0 — 10 km
N

Praia de Laginha
**37**
**5**
Playa de Laginha
**32**
**23**

Estrada da
R Cosinha António Fortes
Luís Terry
R Renato Cardoso
R Dr. Alberto Leite
s de Julho
R Angola
R Dr. Vicente Rendall Leite
R Che Guevara
Av Marginal

Mindelo

Núcleo Museológico
Cesária Évora

Centro de Turismo e
Economia Solidária

Mercado municipal

Rua de Lisboa

Nacional de Arte,
Artesanía y Diseño

Centro Cultural
de Mindelo

Mural de Cesária Évora

Marina
Mindelo

Torre de
Belém

Lonja de
pescado

Fortim
d'El-Rei

Alto São Nicolau

Baía do
Porto
Grande

0        200 m

★ **IMPRESCINDIBLE**

# Tras los pasos descalzos de Cesária Évora

En cuanto se llega a Mindelo, se oye la voz de Cesária Évora o se ve su imagen en algún sitio. La ciudad está orgullosa de que la caboverdiana más famosa y la cantante más célebre de Macaronesia naciera allí. Muchos lugares de la ciudad tienen alguna relación con su vida y su obra.

PLANO: P. 120 **D7**

**CONSEJO**
Se pueden abarcar todos los puntos de interés en un solo día, o combinarlos con otras actividades.

Escanea este código QR para más información sobre Cesária Évora.

### El paseo de la fama descalzo

Cesária Évora (1941-2011) nació en Mindelo en el seno de una familia humilde y se convirtió en la persona más famosa del archipiélago (véase p. 126). Hay varios lugares en Mindelo que guardan alguna relación con la cantante, conocida como la diva descalza por su costumbre de salir al escenario sin zapatos o calcetines. El primer lugar asociado a Cesária Évora es el enorme **mural** de Praça Dom Luís, obra del artista callejero Vhils, que no es una pintura, sino que la imagen se ha realizado quitando el yeso de la fachada. Desde allí por la Rua de Lisboa (Rua Libertadores D'Africa) se llega al **paseo de la fama** de Mindelo, con huellas de latón en la acera. La de Cesária Évora está en el exterior del bar de aperitivos Katem, aunque no parece un pie descalzo.

### Museo Cesária Évora

En el **Núcleo Museológico Cesária Évora,** en Rua Guerra Mendes, se cuenta la historia de la cantante de *morna* a través de sus canciones, objetos personales, premios y una película. Decenas de miles de personas asistieron a su funeral en el 2011 y las imágenes grabadas muestran a la multitud cantando la que es probablemente su canción más

GG-FOTO/SHUTTERSTOCK ©

...mosa, *Sodade*, que casi se ha convertido en un
...imno nacional para los caboverdianos.

## ...tros puntos de interés

...os fans más acérrimos pueden visitar la **tumba** de
...vora –la más visitada de Cabo Verde– en el cemen-
...erio de Mindelo, al sur de la ciudad. Es sencilla,
...e mármol blanco, como la mayoría, y está en el
...ado oeste del cementerio. Al llegar y salir de São
...icente queda claro que esta es la tierra de Cesária
...vora, el **aeropuerto** de la isla (p. 130) lleva su
...ombre y lo primero y último que ven los visitantes
...e la isla es una **estatua** de la diva descalza (foto).
...o hace falta decir que se ha generado en torno a
...lla una industria de recuerdos enorme, con todo
...ipo de artículos como CD y camisetas que pueden
...omprarse por toda la ciudad.

**UNA PAUSA**
El **Cafe Royal**
(p. 132), junto
al mercado, es
donde actuaba
Cesária Évora en
sus comienzos,
un lugar ideal
para hacer un
descanso.

EXPLORA

SÃO VICENTE

# De paseo por Mindelo

La mejor forma de explorar la segunda ciudad de Cabo Verde es a pie, en un paseo por el centro de la ciudad, desde el ajetreo de la lonja de pescado hasta la arena fina de la playa. Por el camino hay muchas cafeterías y restaurantes, pero Cafe Verde, en el mercado, es uno de los favoritos.

| INICIO | FINAL | DURACIÓN |
|---|---|---|
| Lonja | Playa de Laginha | 3,4 km; 2 h |

## 1 Lonja de pescado

Centro de actividad desde horas tempranas del día, el **Mercado de Peixe** (p. 128) de Mindelo es una fiesta con atunes rechonchos, vísceras de pescado, cubos de plástico y manos que intercambian dinero. Fuera, en la entrada, un bazar callejero improvisado llena las aceras con cubos de sardinas y racimos de plátanos. No es un lugar apto para sensibles.

## 2 Torre de Belém

Junto a la lonja de pescado se erige la **Torre de Belém,** una réplica del edificio más famoso de Lisboa. En su interior se emplaza el **Museu do Mar,** que merece la pena visitar para explorar la historia de Mindelo.

## 3 Rua de Lisboa

La calle principal de Mindelo es la que muchos continúan llamando **Rua de Lisboa** (calle de Lisboa), a pesar de que hace décadas se le cambió el nombre por Rua de Libertad d'Africa. En esta calle hay varias cafeterías y bares con mucho ambiente, el mercado municipal y el Alfândega Velha, el Centro Cultural de Mindelo.

## 4 CNAD, Centro Nacional de Arte, Artesanía y Diseño

Desde el centro cultural, hay que caminar toda la Rua 5 Julho hasta el **CNAD,** con muestras de artesanía y arte folclórico del archipiélago. Hay también una tienda de regalos que está muy bien. En el exterior, la frondosa Praça Amílcar Cabral es un lugar en sombra perfecto para hacer un pícnic o un descanso después de la visita al CNAD.

## 5 Puerto de ferris

Desde el CNAD, se sigue la Rua Angola de regreso al paseo marítimo. Cerca está el **puerto de ferris** de Mindelo, desde donde salen los barcos a Santo Antão y otras islas. Pasado este puerto están los muelles con más actividad de Cabo Verde, donde llegan las mercancías desde el extranjero.

## 6 Fortim d'El-Rei

Desde los muelles se puede hacer un desvío hasta la **fortaleza** que se encuentra en la cima de un acantilado. Aunque la fortaleza no es nada especial, las vistas de Mindelo rodeado de montañas escarpadas en esta bahía estrecha son realmente espectaculares.

## 7 Playa de Laginha

La **playa** de Mindelo es de arena y suele estar llena de turistas. Hay dos chiringuitos para los playeros.

## EXPERIENCIAS

### Comer y comprar en el mercado municipal
MERCADO

PLANO: **1** P. 120 **D6**

En el centro de Mindelo está el **mercado municipal,** un espacio limpio y ordenado donde los puestos de *souvenirs* y artesanía para turistas están poco a poco echando a los de fruta y verdura. Dentro está el **Cafe Verde** (p. 131), para muchos el mejor restaurante de barrio de la isla, con comida a buen precio y buen ambiente. Arriba está el Centro de Turismo e Economia Solidária (p. 130), una agencia de viajes local que se especializa en circuitos sostenibles y proyectos locales.

### Dar un paseo por la Rua de Lisboa
CALLE

PLANO: **2** P. 120 **D6**

La calle más animada de Mindelo está entre dos glorietas, una en el paseo marítimo y la otra frente al Palácio Do Povo, donde en el pasado residía el gobernador de Cabo Verde. Conocida como la **Rua de Lisboa,** esta calle ligeramente empinada cambió de nombre hace décadas y pasó a llamarse Rua de Libertad d'Africa, pero se ha quedado con el nombre antiguo. Siempre hay tráfico de coches, gente de compras y turistas que salen del mercado municipal, del Centro Cultural de Mindelo (con exposiciones de arte temporales, p. 127) y de restaurantes y cafeterías como el Cafe Verde o el Cafe Royal (p. 131). En febrero el carnaval de Mindelo (p. 127) pasa por esta calle.

### Visitar el museo de arte y artesanía de Cabo Verde
CENTRO DE ARTE

PLANO: **3** P. 120 **D5**

El plato fuerte de los museos de Cabo Verde es sin duda el **CNAD, Centro Nacional de Arte, Artesanía y Diseño** de Mindelo. El museo está dividido en dos secciones, un anexo nuevo de fachada colorida y el edificio

---

 **CESÁRIA ÉVORA**

Nacida en Mindelo, Cesária Évora (1941-2011) fue la mayor estrella de Cabo Verde y cantó su *morna* en criollo caboverdiano en escenarios de todo el mundo. Se la conoce como "La diva de los pies descalzos" por negarse a calzar zapatos para actuar antes de la independencia del país, en solidaridad con los pobres. El estilo de música *morna* es la versión caboverdiana del fado portugués, un género de música nostálgico muy popular en el mundo de habla portuguesa. Évora ganó el Grammy al Mejor álbum de música del mundo en el 2004 con *Voz d'amor*. A pesar de su éxito, siempre se consideró una humilde caboverdiana y vivió sus días en Mindelo, donde está enterrada.

## CARNAVAL DE MINDELO

El de Río tiene energía y el de Funchal, intimidad, pero el carnaval de Mindelo –la mayor fiesta de Cabo Verde– tiene un desenfado africano que lo hace algo especial. Se celebra el martes de carnaval y el principal desfile es una fiesta de color, luz y sonido con el intenso cielo atlántico de fondo. Los preparativos comienzan meses antes e instalan asientos a lo largo de toda la ruta por el centro de la ciudad. Es un momento excelente para visitar Mindelo y vivir el ambiente de fiesta. Eso sí, hay que reservar el alojamiento y transporte con mucha antelación.

iejo donde Cesária Évora grabó su primer álbum. Esta fue la primera institución cultural que se estableció tras la independencia gracias al esfuerzo de los artistas y profesores Manuel Figueira, Luísa Queirós y Bela Duarte, que en los años 70 comenzaron a coleccionar, documentar, conservar y promover el arte, la artesanía y el diseño de Cabo Verde.

Se comienza por la sección más nueva con exposiciones temporales que suelen ser de artistas locales. Pese al tamaño del edificio, solo tiene una planta con arte. El edificio viejo es mucho más interesante, con una muestra extensa de arte y artesanía caboverdianos, que incluye tejidos, cerámica, música, diseño moderno, arte de objetos encontrados en la playa y tapices. Al finalizar la visita no hay que perderse la tienda del museo (p. 133).

### Visitar Lisboa en Mindelo, Torre de Belém  MUSEO

PLANO: **4** P. 120 **D7**

Esta réplica reducida del monumento del s. XVI de Lisboa se cons-

truyó hace un siglo para celebrar los cinco siglos de gobierno colonial portugués. Dentro de la torre, el **Museu do Mar** hace un repaso de la historia de São Vicente, desde el papel de la isla en el comercio triangular hasta la caza de ballenas a finales del s. XIX. Las muestras de naufragios contienen descubrimientos interesantes, como una botella de oporto (que continúa cerrada) y enormes colmillos de elefante (se rescataron un total de 820 colmillos del naufragio del *Princess Louisa* en 1743).

### Paseo hasta la playa de Laginha  PASEO MARÍTIMO

Mindelo tiene el **paseo marítimo** (PLANO: **5** P. 120 **C3**) más impresionante de Cabo Verde. Recorre toda la bahía desde la lonja hasta los muelles y tiene dos excelentes restaurantes, el Nautilus (p. 131) y el Américos (p. 132), un gran parque con una moderna zona infantil y dos quioscos con refrescos y aperitivos, además del **Centro Cultural de Mindelo** (PLANO: **6** P. 120 **D6**), la Praça Dom Luís con su mural de

127

## ⚑ LOS INGLESES DE MINDELO

Debido a la falta de agua, São Vicente estuvo prácticamente deshabitada hasta que se asentaron los ingleses a principios del s. XIX. En 1838 Portugal le cedió a Gran Bretaña el derecho para construir un puerto y pronto empezaron a llegar miles de buques de carbón desde Cardiff camino a Sudamérica. En 1875 los británicos colocaron un cable submarino entre Mindelo y Brasil para facilitar la comunicación directa. El canal de Suez y el petróleo dieron fin al comercio transatlántico de carbón y en la década de 1950 los ingleses ya se habían ido, dejando atrás un club de tenis además de algunas palabras en el criollo local.

Cesária Évora (p. 122) y el nuevo resort Ouril. En el mar se ven yates fondeados y hacia el interior las escarpadas montañas ofrecen un paisaje extraordinario.

### Comprar pescado en la lonja
MERCADO

PLANO: **7** P. 120 **C7**

En el extremo más descuidado del paseo marítimo está la lonja de pescado de Mindelo, el **Mercado de Peixe,** un espectáculo bullicioso y algo destartalado donde cientos de mujeres venden la captura del día que acaban de traer los pescadores a primera hora de la mañana. Por todas partes hay sangre, vísceras, escamas, cuchillos afilados y cubos de plástico. Cualquiera puede comprar pescado y se vende de todo, desde piezas de atún hasta bolsas de sardinas pequeñas. Las aceras de las calles cercanas también se llenan de puestos improvisados con pescado y marisco.

### Subir a la cima de Monte Verde
MONTAÑA

PLANO: **8** P. 120 **D1**

Con una altura de 750 m, **Monte Verde,** entre Calhau y Mindelo, es la cima más alta de São Vicente. Hay una carretera que sube hasta arriba –algo bastante inusual en Cabo Verde– y la gente suele subir en coche de alquiler o en la parte trasera de un Toyota Hilux. Es uno de los pocos lugares en esta árida isla donde hay algo de vegetación y, por eso, la zona ha sido declarada reserva natural. Las vistas desde lo alto son verdaderamente espectaculares, excepto cuando hay *bruma seca* (p. 65), que no se ve absolutamente nada. En lo alto del monte puede hacer algo de fresco, así que no es mala idea hacer una parada por el camino en la cabaña de piedra **Cabana de Chá** y tomarse una taza de té caliente o algo más fuerte.

## Pasar un fin de semana en Baía das Gatas
PLAYA

PLANO: **9** P. 120 **D1**

Incluso durante los 51 fines de semana del año en los que el famoso festival de música no invade la playa, la salvaje "bahía de las gatas" es una opción excelente para quienes se hayan cansado de la playa de Laginha, en Mindelo. En Baía das Gatas la arena es clara y el agua cálida tiene poca profundidad; unos rompeolas la protegen de las corrientes del Atlántico. Los fines de semana los lugareños acuden a refrescarse y hay bastante gente.

## Relajarse en la playa de Calhau
PLAYA

PLANO: **10** P. 120 **E2**

Unos 19 km al este de Mindelo está la aldea costera de **Calhau** con algunas de las mejores playas de la isla. Entre semana está casi vacía, pero los fines de semana se llena de gente de Mindelo. Calhau es el mejor lugar desde el que hacer un viaje improvisado en barco a la isla

de Santa Luzia (p. 130), a unos 10 km y deshabitada.

## Disfrutar de las vistas desde Fortim d'El Rei
FORTALEZA

PLANO: **11** P. 120 **B5**

Visible por encima del puerto, esta fortaleza abandonada es un buen lugar para disfrutar de vistas extraordinarias. Construida en 1852 para proteger el puerto, se dejó de utilizar poco tiempo después y hoy solo quedan ruinas. Para llegar hay que subir desde la ciudad (parte interior). Las vistas abarcan todo el puerto, las playas y el mar.

## Ver los aviones desde la playa
SOBREVUELO DE AVIONES

En internet hay imágenes de la isla caribeña de Sint Maarten con turistas de pie en la playa, al final de la pista de aterrizaje de la isla, mientras los aviones sobrevuelan sus cabezas a pocos metros. El equivalente en São Vicente no es tan espectacular, pero desde la **playa de São Pedro** (PLANO: **12** P. 120 **C2)**, en el extremo sur de la pista de

 **FESTIVAL DE MÚSICA DE BAÍA DAS GATAS**

Desde 1984 se celebra todos los años durante la luna nueva de agosto el mayor festival de música del país en Baía das Gatas, una localidad costera 10 km al este de Mindelo. Este evento de tres días atrae a lugareños y extranjeros que acampan en la playa para ver y escuchar actuación tras actuación en el escenario principal a lo largo de dos noches. Muchos extranjeros llegan de EE UU y Europa para el festival; en la playa se cocina comida, y en un radio de 1 km de la playa pocos duermen. En el 'Woodstock de África' tocan los principales músicos caboverdianos, además de algunos extranjeros.

 **LA BANDERA DE CABO VERDE**

No hace falta pasar mucho tiempo en el archipiélago para ver la bandera nacional ondeando en lo alto de un chiringuito o colgada de un quiosco de recuerdos. Los caboverdianos están muy orgullosos de su bandera. Es muy simbólica: el azul representa el Atlántico y el cielo; las bandas rojas del centro, la sangre de los que lucharon por la independencia; la franja blanca representa la paz; y las 10 estrellas amarillas, las 10 islas del archipiélago.

aterrizaje, se puede ver un espectáculo aeronáutico de Boeings, Airbuses y algún que otro ATR local, según hacen la aproximación al aeropuerto **Cesária Évora** (PLANO: ⑬ P. 120 **C2**). En una *app* como flightradar24.com se puede comprobar qué vuelos van a aterrizar. Aparte de los aviones, se puede disfrutar de la arena, el sol y el mar.

### Hacer un circuito por la isla con el Centro de Turismo e Economia Solidária CIRCUITOS

PLANO: ⑭ P. 120 **D6**
Con oficina en el mercado (planta superior), esta agencia de viajes sostenibles (ctes.sv) organiza circuitos por la isla para visitar proyectos de artesanía local además de los principales puntos de interés. La oficina también es una tienda y el mejor sitio para comprar recuerdos auténticos.

### Visitar a la deshabitada Santa Luzia ISLA

PLANO: ⑮ P. 120 **F3**
La única isla deshabitada del archipiélago y la más pequeña, **Santa Luzia,** está entre São Vicente y São Nicolau. Ha habido varios intentos de poblarla y cultivar la tierra, pero la ausencia de agua lo hace imposible. La isla se parece a Sal: una pequeña franja de tierra árida rodeada de playas. En 1990 fue declarada reserva natural. Los pescadores suelen acampar allí y de vez en cuando llega un turista intrépido o fondea un yate para vivir una experiencia tipo Robinson Crusoe. La única forma de llegar a Santa Luzia es persuadir a un pescador o a alguien con yate para que lo lleve a cambio de unos cuantos escudos.

# Lo mejor para...

 Económico  $ Medio  $$ Alto

Localizaciones en el plano de la **p. 120**

## Comer

### Cocina caboverdiana

**Nautilus** $$

 **16** D6

El mejor restaurante de Mindelo está en el antiguo club náutico, en el paseo marítimo, y está siempre lleno de turistas y gente procedente de los yates. Sirve platos típicos caboverdianos, hamburguesas y vino. *9.00-23.00 do-mi, 9.00-24.00 ju-sa*

**La Pergola** $$

**17** D6

Con mucho ambiente en un patio escondido junto a la Praça Dom Luís, es uno de los mejores restaurantes de la ciudad para cenar con música en vivo y espectáculos de baile local; opciones veganas y vegetarianas. *8.00-23.00 lu-sa*

**Cusinha D'Terra** $

**18** F7

Pequeño y poco turístico; comida auténtica a precios locales, el mejor servicio de la ciudad. *16.00-23.00 ma-do*

**Casa Cafe Mindelo** $$

 **19** D6

Cafetería moderna en una pensión del centro con turistas y gente de los yates bajo un mural de Cesária Évora; platos de pescado y carne con buena música de fondo. *8.00-23.00*

**Casa da Morna** $$

**20** D7

Cocina de fusión caboverdiana y portuguesa con música en vivo todos los días; uno de los mejores pese a la decoración. *18.00-24.00 lu-sa*

### 'Pizza' y pasta

**Taverna** $$

 **21** D5

Carta de *pizza* y pasta muy auténticas; la iluminación en el interior es algo escasa. *8.00-24.00*

**Bella Napoli** $

 **22** D1

Según muchos, este restaurante de dueños italianos sirve la mejor *pizza* de Cabo Verde; una pena que haya que aventurarse por las callejuelas de la ciudad para encontrarlo. *7.15-22.45*

**U Sabor** $$

 **23** C4

Muy popular, con vistas de la playa de Laginha y fotos de famosos cantantes caboverdianos en las paredes; *pizza,* pescado, marisco, carne y pasta. *9.00-24.00*

### Cafeterías, pastelerías y heladerías

**Cafe Verde** $

véase **1** D6

Pequeño y acogedor, en el mercado municipal, el mejor de la ciudad y casi de todo Cabo Verde; cachupa, tortillas, dulces locales y ensaladas a buen precio, además de café de Fogo y otras bebidas locales. *9.00-16.00 lu-vi, 9.00-13.00 sa*

**Pastelaria Algarve** $

 **24** D6

No es una pastelería, sino una cafetería de toda la vida, donde se sirve cachupa, huevos, pescado y alubias a buen precio. El comedor es más agradable que la

131

terraza exterior, ya que está en una calle con mucho tráfico. *9.00-22.00*

### Pastelaria Morabeza ⓢ

 **25** D6

Básica y algo artificial, pero no está mal para tomarse un café con un pastel de nata si se tiene prisa. *6.00-22.00*

### Kafe Djan Djan ⓢ

**26** D6

Biblioteca, cafetería, galería y lugar donde abrir el portátil en paz mientras se pica algo saludable como papaya asada con canela y helado, *bruschetta* o un sándwich. *8.30-16.30 lu y sa, hasta 19.00 ma-vi, hasta 14.30 do*

### Cremositos ⓢ

**27** D5

En una esquina del centro de la ciudad con mucho ajetreo; según la gente del lugar, el mejor helado de toda la ciudad. *7.30-24.00*

### London ⓢ

**28** D6

Lo más encomiable de este bar frente al mercado es que su desayuno inglés no está mal. *8.00-24.00*

## Cocina internacional

### Américos ⓢⓢⓢ

 **29** C5

Restaurante de lujo en el resort Ouril frente a la bahía; platos internacionales y locales. El servicio se podría renovar. *18.00-23.00*

### Cafe Royal ⓢⓢ

**30** D6

Una institución local que seguramente haya tenido días mejores (Cesária Évora comenzó su carrera musical en este café). Es una bonita cafetería de estilo colonial con buen ambiente, platos del día para el almuerzo y cantantes por la noche. *7.00-23.00*

## Playas y atardeceres

### Caravela ⓢⓢ

**31** C3

Chiringuito, local de música, discoteca y restaurante en el extremo norte de la playa de Laginha; platos internacionales y una larga carta de bebidas. *11.00-1.00 do-ju, 11.00-2.00 vi y sa*

### Kalimba ⓢⓢ

 **32** C4

Más tranquilo y de moda que Caravela, el 'otro' chiringuito de Laginha está al sur de la playa y es un lugar relajado donde tomarse el desayuno, el café de media mañana

o un almuerzo ligero sin dejar la toalla. *9.00-24.00*

# Beber

## Copas y música en vivo

### M Sunset Bar ⓢⓢ

 **33** C1

Bar con billar y mucho ambiente al norte de la ciudad; el mejor lugar desde el que ver el atardecer sobre el Atlántico. *12.00-24.00*

### Jazzy Bird

**34** E5

Local pequeño con música de *jazz* y otros estilos en vivo todas las noches; en Ave Baltazar Lopes da Silva. *18.00-24.00*

### Le Metalo

 **35** E5

Restaurante de comida rápida (un término algo paradójico en Cabo Verde) con hamburguesas, ensaladas y aperitivos locales con música en vivo a mucho volumen. *11.00-24.00*

### Livraria Nhô Djunga

 **36** E5

Librería que por la noche se convierte en un local de música en vivo con copas y aperitivos, y un programa muy ecléctico. *19.00-1.30 ma-sa*

## Bombu Mininu
 **D7**

El mejor local nocturno alternativo de Mindelo es propiedad de dos artistas locales y tiene un programa de música variado y un ambiente muy relajado. *9.00-16.00 y 18.00-23.00 lu-sa*

# Comprar

## Recuerdos y artesanía

### Capvertdesign + artesanato
 **D7**

Tienda grande y conocida donde comprar todo tipo de objetos hechos en Cabo Verde, como cerámica rústica, joyería de lava y coral, arte de roca volcánica, alfombrillas de ratán y más; sin olvidar los numerosos artículos con Cesária Évora como motivo. *9.00-13.00 lu-sa y 15.00-18.30 lu-vi*

## CNAD Gift Shop
véase  **D5**

Excelente tienda de regalos dentro del Centro Nacional de Arte, Artesanía y Diseño; artículos únicos desde tambores de cientos de euros a figuras de cerámica y libros difíciles de encontrar. Muchos objetos de las marcas CNAD y Cesária Évora. *10.00-13.00 y 15.00-19.00 ma-vi, 10.00-14.00 y 18.00-21.00 sa, 17.00-21.00 do*

## Centro de Turismo e Economia Solidária
véase **14** **D6**

Agencia de viajes en la planta superior del mercado con tienda de regalos y recuerdos de São Vicente y Cabo Verde. *Horario variable*

## Art D'Cretcheu
**39** **D6**

Tienda de recuerdos en el Centro Cultural de Mindelo; buena opción para comprar una pieza de arte local y un imán de nevera de recuerdo de Cabo Verde. Hay muchos artículos hechos a mano, entre ellos jabones. *9.00-19.00 lu-vi, 10.00-12.30 sa*

## Alternativa Galeria
**40** **D5**

Librería y tienda de recuerdos con una pequeña galería; agradable para sentarse y hojear unas páginas. *9.00-13.00 lu-sa, 15.00-19.00 lu-vi*

## Alimentación

### Mercado municipal
**1** **D6**

Como en casi todas las ciudades grandes de Cabo Verde, el mercado municipal es el mejor sitio para comprar fruta y verdura. La mayoría de los productos que se venden en este mercado sorprendentemente limpio y ordenado proceden de Santo Antão. *8.00-18.30 lu-sa, 10.00-13.00 do*

### Fragata
 **D6**

Quienes se alojen en un apartamento con cocina en Mindelo pueden abastecerse en alguno de los supermercados de esta cadena que hay en el centro; en algunos solo se acepta dinero en efectivo. *Horario variable*

# Guía práctica

**Recuerdos, Mindelo.**
GG-FOTO/SHUTTERSTOCK ©

# Viajar en familia

Cabo Verde es un paraíso perfecto para viajes de playa en familia, con un toque de aventura y de naturaleza salvaje para cuando el sol arrecia, y experiencias auténticas fuera del circuito turístico para pequeñas mentes curiosas.

## ¿Qué isla es mejor para ir con niños?

Con sus playas infinitas, la mejor isla para disfrutar con niños seguramente sea Boa Vista. Otra opción es un resort con todo incluido en Sal, o un apartamento con cocina en Tarrafal, en Santiago. Es buena idea evitar Praia y quizá también Mindelo, y cualquier plan de viajar de isla en isla.

###  Comer fuera

Los restaurantes no suelen tener menú para niños, pero no es difícil encontrar algo que puedan comer los más pequeños. Las cartas suelen incluir patatas fritas, *pizza,* helado y otros platos que les gusta y pueden probar la cachupa, pescado y marisco, o un postre de flan portugués.

### CAMBIAR PAÑALES

Desafortunadamente no hay muchas instalaciones donde cambiar pañales. Los aseos públicos son muy escasos y los restaurantes y cafeterías no tienen cambiador. Tampoco es fácil comprar pañales, así que es mejor llevarlos.

### ⚠ Corrientes de mar

Hay que vigilar a los más pequeños en el agua: en gran parte de la costa las corrientes de mar son muy fuertes.

### Solo para adultos

Varios resorts con todo incluido en Sal y Boa Vista son solo para adultos.

### Mosquitos

En Sal y, en menor medida, Boa Vista hay muchos mosquitos. Si se viaja con niños a estas dos islas, hay que llevar repelente de mosquitos y una red mosquitera de casa.

# Alojamiento

Aparte de los resorts con todo incluido, en Cabo Verde hay opciones de alojamiento en pensiones familiares muy agradables a precios muy razonables, incluso en Sal y Boa Vista.

## Si te gusta...

**Comodidad con todo incluido**
**Sal** (p. 35) Santa Maria es la ciudad más popular de Cabo Verde para ir a un resort, con un barrio entero lleno de resorts, bastante lujosos, con todo incluido.

**Vida de playa**
**Boa Vista** (p. 55)
Las mejores playas están allí. Siempre hay una cerca, da igual el tipo de alojamiento que se elija.

### CUÁNTO CUESTA

Pensión básica
desde **2000 CVE**

Apartamento
en la playa desde
**7000 CVE**

Hotel con todo
incluido desde
**10 000 CVE**

**I M P R E S C I N D I B L E**

**Nos encanta...**
**Boa Vista (p. 55).**
Las opciones en Boa Vista abarcan desde un alquiler vacacional en Sal Rei hasta un resort con todo incluido en una playa remota. Esta isla es un lugar de ensueño y relajado con muchos lugares interesantes que ver y un ambiente muy calmado. Es ideal si se busca una experiencia más tranquila y rústica que Sal.

**Ambiente urbano**
**Santiago** (p. 75) En la capital, Praia, hay muchas opciones de alojamiento: resorts de lujo, pensiones para lugareños, hoteles de tres estrellas y alquileres vacacionales en barrios algo turbios. Hay que tener cuidado al elegir.

**Arte y cultura**
**São Vicente** (p. 119) La capital cultural de Cabo Verde es Mindelo, que ofrece desde hoteles de cuatro estrellas hasta hostales de mochileros, además de pensiones sencillas y hoteles de gama media.

**Naturaleza y senderismo**
**Santo Antão** (p. 107) La especialidad de esta isla son las pensiones básicas para senderistas y los albergues eco, aunque también hay hoteles muy cómodos.

# Comida, bebida y fiesta

### Alergias e intolerancias

Algunos restaurantes turísticos de Sal y Boa Vista tienen lista de alérgenos en sus cartas, pero no es algo común. La mayoría de los sitios intentan satisfacer a comensales que tienen alergias o intolerancias.

#### CÓMO SE DICE

| Soy alérgico a... | Sou alérgico a... |
|---|---|
| **frutos secos** | *nozes* |
| **marisco** | *frutos do mar* |
| **productos lácteos** | *lacticínios* |
| **gluten** | *glúten* |

---

### SERVICIO

El servicio en los restaurantes de Cabo Verde rara vez es encomiable. En el mejor de los casos, el camarero tiene poco interés y está malhumorado, pero es eficiente; en el peor, ignora a los comensales. Excepto en Sal y Boa Vista, es muy posible que no se hable inglés.

---

### Mucha calma

La queja más común de los turistas es que el servicio en Cabo Verde es muy lento y la comida tarda en llegar. Hay que armarse de paciencia, y si se tiene prisa, pedir algo rápido como cachupa.

### Cómo pagar la cuenta

En Cabo Verde pagar la cuenta no tiene mucho misterio, ya que la suelen traer bastante rápido con el lector de tarjetas. Las tarjetas extranjeras hay que insertarlas en el lector y teclear el PIN. En ocasiones, para pagar con tarjeta hay que acercarse al bar donde está el lector. Las propinas son totalmente opcionales; los camareros no muestran mucho interés. Mejor no dejar propina si el servicio ha sido lento o con malos modales.

## $ PRECIOS

Estos son los indicadores de precios de un plato principal.

**$** menos de 1000 CVE
**$$** 1000-2000 CVE
**$$$** más de 2000 CVE

## HORARIOS

**Chiringuitos**
11.00-18.00
**Cafeterías**
8.00-20.00
**Restaurantes**
9.00-23.00

Cachupa (alubias y maíz con pescado o carne).

## 🥂 Salir

**Clubes** No hay muchas discotecas en Cabo Verde, aunque en Praia y Mindelo hay algunos sitios con música donde van los lugareños los viernes y sábados por la noche. Algunos chiringuitos tienen DJ también de día.

**Beber** Los mejor es ir a un chiringuito, aunque algunos cierran al anochecer. En Santa Maria hay varios *pubs* (de dueños extranjeros) y bares donde se puede tomar cerveza local y de importación y ver eventos deportivos en la TV.

**Música en vivo** En casi todo Cabo Verde hay música en vivo en restaurantes y otros lugares turísticos. En Mindelo la oferta musical es excepcional, con actuaciones en directo todas las noches. Es la única ciudad donde escuchar *jazz* y el mejor lugar para disfrutar de la música local como la *morna*.

## CUÁNTO CUESTA

**Expreso** 70 CVE

**'Pizza'** 1000 CVE

**Cachupa** (alubias y maíz con pescado o carne) 300 CVE

**Cerveza local** 200 CVE

**Zumo** 150 CVE

**'Grogue'** (licor de caña de azúcar) 200 CVE

**Plato del día** 500–1000 CVE

# Comunidad LGTBIQ+

La homosexualidad es legal en Cabo Verde, a la vanguardia de África en lo que a tolerancia y derechos se refiere.

 ### Cabo Verde gay

Cabo Verde es más tolerante y respetuoso con la comunidad LGTBIQ+ que la mayoría de África. Estos son los mejores y peores sitios:

**Mindelo** (p. 119) El lugar más abierto del archipiélago y la segunda ciudad de África que celebra la fiesta del Orgullo (facebook.com/MindeloPride). El ambiente no es tan tolerante como en gran parte de Europa, pero hay una comunidad LGTBIQ+.

**Santa Maria** (p. 42) Sal es el principal destino de resorts para turistas europeos y el lugar más seguro para muestras de cariño en público entre parejas del mismo sexo.

**Praia** (p. 82) Por extraño que parezca, este es el lugar más cerrado en lo que a la comunidad LGTBIQ+ se refiere.

### IMPRESCINDIBLE

**Casa Rosa**

En el restaurante **Casa Rosa** (p. 73) de Sal Rei ondea la bandera LGTBIQ+ con orgullo. Los dueños, una pareja alemana, afirman que no han experimentado ningún tipo de hostilidad en Boa Vista.

**DESCUBRIR CABO VERDE**

Escanea el código QR para más información sobre la situación de la comunidad LGTBIQ+ en la web "Discover Cape Verde".

 **MATRIMONIO GAY**

En la actualidad no está permitido el matrimonio entre personas mismo sexo, pero los activistas de Cabo Verde llevan años pidiendo su legalización; es cuestión de tiempo.

### Alojamiento LGBTIQ+

misterbandb.com/destination/cape-verde ofrece un listado de alojamientos para la comunidad LGTBIQ+ con muchas opciones.

# Salud y seguridad

Cabo Verde es por lo general un lugar seguro y un auténtico paraíso comparado con la mayor parte de África.

 **Robos**

Desafortunadamente, los robos son muy comunes en todo el país: ropa colgada a secar en el balcón, móviles y carteras. Nunca hay que permitir que un 'maletero' cualquiera lleve las maletas al salir del aeropuerto (sobre todo en Praia) y, en playas donde haya mucha gente, hay que vigilar los efectos personales (como en Tarrafal y Santa María).

**AGUA DEL GRIFO**

No se puede asumir nunca que el agua del grifo sea potable, aunque lo afirmen los lugareños. En Sal y Boa Vista el agua está desalinizada y si se bebe, produce, cuando menos, diarrea. Es mejor comprar siempre agua embotellada.

 **Malaria**

Cabo Verde se convirtió en el 2023 en el tercer país africano en erradicar la malaria.

**A TENER EN CUENTA**

 **Seguridad**

Hay que vigilar siempre los efectos personales, sobre todo en lugares con mucha gente y en la playa.

**Vendedores ambulantes**

Santa María es prácticamente el único lugar donde está garantizado que los turistas sean acosados por vendedores ambulantes y estafadores. Mindelo es el peor sitio, en el exterior de las tiendas hay gente pidiendo a los que salen que les compren comida, que luego ellos venden de nuevo a la tienda por algo menos de lo que ha pagado el turista.

 **Privacidad**

No se puede fotografiar a niños sin el consentimiento de sus padres, es ilegal.

— **OLAS, CORRIENTES Y CRIATURAS DEL MAR** —

En muchas playas las corrientes y las olas pueden ser bastante fuertes. Hay erizos de mar negros en todas partes, así que hay que prestar atención al caminar.

 **Insectos**

Hay que llevar siempre un repelente de insectos, sobre todo en Sal y Boa Vista.

# Turismo responsable

Estos consejos ayudan a minimizar el impacto medioambiental del viaje, apoyar a los negocios locales y tener un efecto positivo en las comunidades.

## Alojamiento eco

En Cabo Verde hay tres albergues con impecables credenciales eco: el **Eco Camp Lemba Lemba** (p. 89) de Santiago, construido con materiales reciclados con un impacto medioambiental prácticamente nulo; el remoto **Spinguera Ecolodge** (p. 68) en Boa Vista es un alojamiento ecológico autosuficiente con todas las comodidades del s. XXI; y **Aldeia Manga** (p. 111) en el corazón del valle de Paúl es otro lugar de bajo impacto medioambiental.

## Plástico

En el 2024 Cabo Verde prohibió la importación de artículos de plástico de un solo uso, pero el problema de los residuos plásticos continúa. Hay que intentar llevarse de vuelta a casa cualquier plástico.

### IMPRESCINDIBLE

**Bowlavista**

Los restaurantes locales no son muy sostenibles, pero **Bowlavista** (p. 67), en Sal Rei, es la excepción, con la política de utilizar ingredientes frescos cultivados allí mismo.

## Señales

Es fundamental respetar las señales que prohíben la entrada a ciertas playas entre mayo y octubre en todo Cabo Verde, pero en especial en Sal y Boa Vista. Son lugares de anidamiento de tortugas, algunos de los cuales sufren daños todos los años causados por *quads* y otras actividades de playa. Ignorar estas señales conlleva multas.

DE IZDA. A DCHA.: CANDICEGZ/SHUTTERSTOCK ©, ROSSELYN/SHUTTERSTOCK ©

## Recursos

- **discover-cape-verde.com/guide/environment** Información sobre medio ambiente de "Discover Cape Verde". • **ecocv.org** Asociación caboverdiana de ecoturismo.

El **Centro de Turismo e Economia Solidária** (p. 130) de São Vicente es seguramente el turoperador con más conciencia medioambiental de Cabo Verde, apoyan pequeños proyectos locales en la isla.

## Donaciones

Muchos turistas llevan artículos para donar a las guarderías y escuelas locales. El guía o el hotel pueden ayudar con esto. Lo que más necesitan padres y escolares es esto (lista elaborada por un residente extranjero que lleva años trabajando con escuelas y ONG locales):

- Pañales, compresas
- Jabón, champú antipiojos
- Pasta y cepillos de dientes
- Medicamentos comunes (no antibióticos)
- Termómetros, vendas, tiritas, apósitos
- Ropa y calzado
- Ropa de cama, toallas
- Material escolar
- Galletas dulces y saladas, aperitivos
- No hay que llevar: caramelos, piruletas, chocolate

### ELEGIR 'SOUVENIRS'

Conviene optar por recuerdos fabricados en el país: vino, café de Fogo, esculturas de roca volcánica, *grogue,* joyas de conchas y cerámica. Los imanes para nevera, los tocados de telas coloridas y las baratijas de temática rasta no son autóctonos.

## El cambio climático y los viajes

Es imposible ignorar el impacto de nuestros viajes y la importancia de hacer cambios. Lonely Planet anima a todos los viajeros a involucrarse en su huella de carbono. Muchas webs de líneas aéreas y sitios de reservas ofrecen la opción de compensar el impacto de los gases de efecto invernadero realizando donaciones para iniciativas respetuosas con el clima en todo el mundo.

Hay muchas calculadoras de carbono en internet que ayudan al viajero a hacer un cálculo estimado de las emisiones de carbono que genera en su viaje, como **resurgence.org** con el código QR a la derecha.

143

# Accesibilidad

### TAXI Transporte público

Es complicado desplazarse entre islas con problemas de movilidad. Los *aluguer* son pequeños y van siempre llenos. Subirse a un ferri puede resultar difícil, ya que se suele hacer por la cubierta para coches y hay escalones y desniveles en el suelo. La mejor opción es un taxi y la segunda mejor, un Toyota Hilux.

### Equipos de movilidad

A través del sitio web de **Mobility Equipment Hire Direct** (mobilityequipmenthiredirect.com) se puede reservar (y pagar con antelación) escúteres de movilidad reducida y sillas de ruedas, entre otros, para las vacaciones en Sal.

El mejor resort con todo incluido en Sal para personas con discapacidad es seguramente el **Meliá Dunas Beach Resort & Spa,** con habitaciones e instalaciones accesibles, pasillos y ascensores para silla de ruedas e incluso piscinas accesibles. Pero lo mejor es que es el único hotel en todo Cabo Verde donde el personal está formado para ayudar a huéspedes con discapacidad. Hay que reservar la habitación accesible u otro servicio especial con bastante antelación.

### ASISTENCIA EN EL AEROPUERTO

Todos los aeropuertos de Cabo Verde tienen servicio de asistencia para vuelos internacionales y nacionales. Conviene solicitar este servicio 48 h antes de la llegada.

### Tierra de adoquines

Las calles de las ciudades y pueblos de Cabo Verde están todas adoquinadas, lo que dificulta transitarlas, sobre todo por la noche.

### ─ SIN DESCUENTOS ─

En Cabo Verde solo se ofrece descuento a los niños. No hay precios especiales para pensionistas en el transporte público, museos o ferris, aunque algunos hoteles sí ofrecen un tarifa reducida para jubilados.

## Recursos

● **www.disableaccessholidays.com** Esta agencia de viajes ofrece un listado de vacaciones accesibles en Cabo Verde.

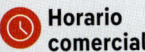

# Lo esencial

## Horario comercial

Los horarios no suelen variar de isla en isla. En las grandes ciudades las tiendas a veces cierran más tarde.

**Bancos** 8.00-16.00 lu-vi

**Bares** 8.00-1.00 o más tarde

**Cafeterías** 8.00-18.00

**Clubes** 23.00-5.00

**Correos** 8.00-16.00 lu-vi

**Restaurantes** 12.00-23.00

**Tiendas** 8.00-17.00 lu-sa

---

### A TENER EN CUENTA

**Hora local** GMT -1
**Código de país** +238
**Teléfonos de emergencias**
130 (ambulancia),
131 (bomberos),
132 (policía)
**Población**
600 000 hab.

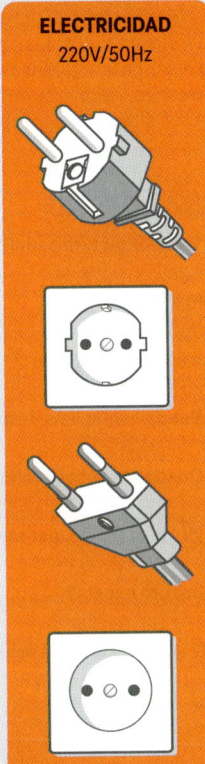

**ELECTRICIDAD**
220V/50Hz

## Fiestas oficiales

Muchos negocios abren los festivos, sobre todo en sitios turísticos.

**Año Nuevo** 1 de enero

**Día de la Democracia** 13 de enero

**Día de los Héroes Nacionales** 20 de enero

**Día del Trabajador** 1 de mayo

**Día de la Juventud** 1 de junio

**Día de la Independencia** 5 de julio

**Día de la Asunción** 15 de agosto

**Día de Todos los Santos** 1 de noviembre

**Día de la Inmaculada** 8 de diciembre

**Navidad** 25 de diciembre

**Aberto** Abierto
**Fechado** Cerrado

## Acceso a internet

Muchas familias de Cabo Verde no se pueden permitir internet en casa y el gobierno ha instalado wifi público gratis en casi todas las plazas del país. La mayoría de los restaurantes, cafeterías y hoteles ofrecen wifi gratis. Solo los chiringuitos se resisten a veces.

# 💬❓ Idioma

## Lo básico

**Hola.**
**Olá.**

**Adiós.**
**Adeus.**

**Buenos días.**
**Bom dia.**

**Buenas tardes.**
**Boa tarde.**

**Buenas noches.**
**Boa noite.**

**Hasta mañana.**
**Ti manha.**

**Por favor.**
**Por favor.**

**Gracias.**
**Obrigádo (m).**
**Obrigáda (f) .**
(La terminación en
-o/-a depende del
sexo del hablante.)

**Bueno, delicioso.**
**Sábi d mas.**

La lengua oficial de Cabo Verde es el portugués, pero la mayoría de los caboverdianos habla criollo (kriolu). En la actualidad se utiliza el portugués en los negocios, los medios de comunicación, la medicina, la señalización y la escuela. El idioma del día a día es el criollo.

### 💬 Frases útiles

**¿Habla inglés/español?**
**Bu ta papia inglés/espanhol?**

**No entiendo.**
**Um ka Intindi**

**La cuenta, por favor.**
**Conta, por favor**

**¿Puede hablar más despacio?**
**Bo ta pode papia mas devagar favor?**

**¿Dónde está el cajero más cercano?**
**Ondi qui caixa vintikuáto más perto?**

**¿Me da el recibo, por favor?**
**Pode fazem um recibo per favor?**

**¿Cuánto cuesta?**
**Quel li kanto?**

**Me gustaría comer cachupa.**
**N´cria kumé catchupa**

## Números

 **1** um

 **2** dós

 **3** trés

 **4** kuátu

 **5** sinku

## Criollo

El más antiguo de los idiomas criollos basados en el portugués es el criollo caboverdiano. Con elementos de idiomas de África occidental y del portugués, es, curiosamente, distinto al criollo que se habla en la nación hermana de Guinea-Bisáu, que ha sufrido menos cambios en las últimas décadas. También hay ligeras variaciones en el vocabulario y acento entre algunas de las islas de Cabo Verde. Aunque quienes sepan portugués reconocerán algunas palabras del criollo, este tiene su propia gramática.

### PRONUNCIACIÓN

**tx** como 'ch' en 'chico'.
**dj** como 'y' en 'yema'
**nh** como 'ñ' en 'niño'.
**j** como 'y' en inglés en 'yo-yo'.
**x** como 'sh' en inglés en 'she'.

## Señalización (portugués)

**Entrada** Entrada
**Saída** Salida
**Aberto** Abierto
**Fechado** Cerrado
**Quartos Disponiveis** Habitaciones disponibles
**Sem Quartos Disponiveis** No hay habitaciones disponibles
**Informação** Información
**Esquadra da Polícia** Comisaría de policía
**Proibido** Prohibido
**Casa de Banho** Aseos
**Homens** Hombres
**Mulheres** Mujeres
**Quente** Caliente
**Frio** Frío

## Emergencias

¡Ayuda! **Ajuda**

**Necesito un médico.** Um precisa de um médico.

**¿Dónde están los aseos?** Ondi qué casa bonho?

**¡Llame a la policía!** Liga Policia.

--- ARGOT CRIOLLO ---

**Ago** Una palabra para hacer preguntas sencillas que significa varias cosas dependiendo del contexto, p. ej. "¿Qué tal? ¿Cómo va todo?"

**Maneira** ¿Qué tal?

**Qual é?** Expresión más local que "¿Qué tal?"

**Na mantega** Todo va bien

**Ratxa boca** Te voy a mostrar, que significa que lo he hecho lo mejor que he podido, lo he hecho mejor que tú

| 6 | 7 | 8 | 9 | 10 |
|---|---|---|---|---|
| sax | séti | oitu | nóvi | dés |

# Índice

**Puntos de interés p. 000**
Págs. de los planos **p. 000**

Véanse también los subíndices:

⊗ **Comer p. 152**
🍺 **Beber p. 153**
🛍 **Comprar p. 153**

**Comer**

**ÍNDICE**

**COMER**

 **Beber**

 **Comprar**

## La opinión del lector

Nos encanta escuchar a los viajeros, ya que con sus comentarios nos ayudan a mejorar nuestros libros. Podéis escribirnos a lonelyplanet.com/contact; leemos todos los mensajes y garantizamos que estos lleguen a los autores.

Nota: Es posible que algunos fragmentos de estos mensajes aparezcan en nuevas ediciones de las guías Lonely Planet, en la web o en productos digitales. Si preferís que vuestro contenido o nombre no sean publicados, por favor, indicadlo claramente. Para obtener una copia de nuestra política de privacidad, podéis visitar lonelyplanet.com/legal.

**geoPlaneta**
Av. Diagonal 662-664, 08034 Barcelona
www.geoplaneta.com – www.lonelyplanet.es
**Lonely Planet Global Limited**
Lonely Planet Global Limited, Digital Depot,
The Digital Hub, Dublín D08 TCV4, Irlanda
www.lonelyplanet.com
Contacta con Lonely Planet en: lonelyplanet.com/contact

**Cabo Verde de cerca**
1ª edición en español – enero del 2025
Traducción de *Pocket Cabo Verde*, 1ª edición –
octubre del 2024
© Lonely Planet Global Limited

**Editorial Planeta, S.A.**
Av. Diagonal 662-664, 7º. 08034 Barcelona (España)
Con la autorización para la edición en español de Lonely
Planet Global Limited, Digital Depot,
The Digital Hub, Dublín, D08 TCV4, Irlanda

© Textos y mapas: Lonely Planet, 2024
© Fotografías: según se relaciona en cada imagen, 2025
© Edición en español: Editorial Planeta, S.A., 2025
© Por la traducción del texto: Rosa Nogués, 2025

ISBN: 978-84-08-29172-5
Depósito legal: B. 9.928-2024
Impresión y encuadernación: Unigraf
*Printed in Spain* – Impreso en España